Juan Bautista Alberdi

Peregrinación de Luz del Día
o Viajes y aventuras
de la Verdad en el Nuevo Mundo

Barcelona **2024**
Linkgua-ediciones.com

Créditos

Título original: Peregrinación de Luz del Día.

© 2024, Red ediciones S.L.

e-mail: info@linkgua.com

Diseño de cubierta: Michel Mallard.

ISBN rústica: 978-84-9816-857-0.
ISBN ebook: 978-84-9897-906-0.

Sumario

Brevísima presentación

La vida

Juan Bautista Alberdi (Tucumán, 1810-París, 1884). Argentina.

Era hijo de un comerciante español y de Josefa Aráoz, de la burguesía tucumana. Su familia apoyó la revolución republicana; Belgrano frecuentaba su casa y Juan Bautista lo consideró un gran militar y un padrino, dedicando numerosas páginas a defender su figura. Esta actitud lo hizo polemizar con Mitre, y ganarse la enemistad de Domingo Faustino Sarmiento.

Alberdi estudió en el Colegio de Ciencias Morales de Buenos Aires y abandonó los estudios en 1824. Por esa época, se interesó por la música. Poco después estudió derecho y en 1840 recibió su diploma de abogado en Montevideo.

Fue autodidacta. Rousseau, Bacon, Buffon, Montesquieu, Kant, Adam Smith, Hamilton y Donoso Cortés influyeron en él. En 1840 marchó a Europa. Volvió en 1843 y se asentó en Valparaíso (Chile) donde ejerció la abogacía. En otro de sus viajes a Europa como diplomático, pretendió evitar que las naciones europeas reconocieran a Buenos Aires como nación independiente y se entrevistó con el emperador Napoleón III, el Papa Pío IX y la reina Victoria de Inglaterra. Mitre y Sarmiento lo odiaron.

Alberdi vivió entonces fuera de Argentina y regresó en 1878, cuando fue nombrado diputado nacional. Había sido diplomático durante catorce años. Las cosas habían cambiado: Sarmiento envió a su secretario personal a recibirle y lo abrazó. Sin embargo, los mitristas impidieron que fuera otra vez nombrado diplomático, en esta ocasión en París. Murió en un suburbio de dicha ciudad el 19 de junio de 1884.

Primera parte

I. Lo que es este libro

De todos los cuentos atribuidos a la fantasía de las señoras viejas, ninguno ha llamado la atención como el cuento de un pretendido viaje de la Verdad desde Europa al Nuevo Mundo y de los desencantos chistosos que allí padece, encontrando a la América inundada de ciertos tipos y caracteres de que iba huyendo cabalmente, y por cuya razón principal emigraba del viejo mundo.

Es casi una historia por lo verosímil, es casi un libro de filosofía moral por lo conceptuoso, es casi un libro de política y de mundo por sus máximas y observaciones. Pero seguramente no es más que un cuento fantástico, aunque menos fantástico que los de Hoffmann.

Su lectura es entretenida y fácil porque no tiene método ni plan lógico, que esclavice la atención del lector ocupado. No tiene más orden que el de las impresiones, que se suceden en el curso de un viaje o de una visita en un país nuevo. Pero es algo más que lo que pudiera llamarse «Impresiones de viaje de la Verdad en América», pues son aventuras, experimentos, estudios de zoología moral por decirlo así, hechos sobre una sociedad que llama tanto la atención del siglo XIX.

La razón de ello es que la Verdad fue al Nuevo Mundo como emigrada, con miras de quedarse allí establecida y no como «tourista».

II. Quién es Luz del Día

Dice el cuento que aburrida la «Verdad» de vivir en Europa en medio de un mundo de generaciones formadas en los moldes de «Tartufo», de «Gil Blas», de «Basilio», etc., y mortificada por la exhibición de los triunfos insolentes y cínicos pero siempre afortunados de su indigna rival, la «Mentira», personificada en casi todos los papeles de la sociedad europea, no queriendo suicidarse tan joven (¡y es más antigua que Aristóteles y Platón!), la «Verdad» se determinó un día de mal humor a emigrar al Nuevo Mundo, tan lindamente presentado a su imaginación siempre juvenil, por su predilecto amigo, el autor de París en América.

Para viajar con más comodidad y tal vez con más seguridad, determinó viajar de incógnito, como hacen las reinas y princesas, a quienes se creyó con derecho a imitar, en este punto solamente, en su calidad que cree tener de ser más legítimamente que ellas una reina del mundo, aunque destronada y abatida; pero sin perder la esperanza vaga de una restauración posible o de una reivindicación victoriosa. Y sin apercibirse del desmentido que esta ficción daba a su nombre de «Verdad», tomó el nombre presentado de «Luz del Día». Se vistió de mujer, pues podía elegir su traje por no tener sexo, y se dirigió al puerto de Burdeos en busca de un buque y de pasaje para la América en general.

Desconfiada de los geógrafos, a quienes no leía porque los tenía por inexactos, perezosos y lisonjeros de los pueblos, tomó al pie de la letra el título de su guía predilecta «París en América!», pensando que bastaba estar en América para habitar el París de la Verdad; que lo mismo estaba París en la América del Norte, que en la América del Sur; en virtud de lo cual no se fijó mucho en el punto americano de dirección de su viaje.

Mal vestida y mal ejercitada en el manejo del vestido de mujer, porque su costumbre o más bien su instinto, era de andar desnuda, como la Eva de la abstracción, fue tomada en el puerto de Burdeos por los agentes de emigración, como una paisana de los Pirineos; y como llevaba un nombre que parecía español, no vacilaron en procurarla pasaje para un bello país de la América del Sur.

III. Luz del Día en Sudamérica

El primer día en que Luz del Día llegó al puerto de su destino, los encargados de recibir y colocar a los inmigrados, tomándola como una de tantas, la preguntaron cuál era su oficio, y en qué ocupación contaba ganar su vida en aquel país.

—¿Mi ocupación?, ¿mi oficio? es el de decir a cada uno la verdad.

—Así debe ser —observó jocosamente el empleado—, pues se llama «Luz del Día».

—¿Cuál es su ocupación? —preguntó otro empleado que tenía el encargo de buscar una cocinera.

—La de decir a cada uno la verdad.

—Debe ser loca, porque es oficio de locos el decir las verdades; también es cierto, las dicen los sabios, pero una mujer no corre riesgo de ser sabia.

—Todo lo contrario —dijo otro—, le basta ser mujer para ser loca.

Luz del Día empezó a enfadarse de esta charla ofensiva y grosera, cuando alguno observó que tal vez era la «enseñanza», la «educación», la «instrucción», lo que quería llamar su oficio de decir la verdad.

Aceptada y agradecida por ella, esta insinuación feliz, aceptó también la oferta que la hicieron de recomendarla a un gran partidario de la educación y de la inmigración europea, cuyo auspicio la pondría en el camino que deseaba.

Pidió su nombre y dirección, y la dieron los del señor «Tartufo».

—¿Tartufo? —repitió ella espantada.

Los empleados se ríen, y uno la observa que Tartufo no era un fraile, como tal vez creía Luz del Día, sino al contrario, un gran enemigo de los frailes, un gran liberal, una especie de apóstol de la instrucción popular, un partidario de la emigración europea en América.

—Yo quisiera verle —dijo Luz del Día—, aunque ese nombre me asusta...

—No haga usted caso de nombres —la dijo un empleado—. Aquí tenemos hombres que son la virtud misma y se llaman «Ladrón»; otro que son la humanidad, y se llaman «Guerra, Verdugo, Cadalso, Lanza»; otros que son un cordero, y se llaman «León».

—¿Es decir que en este país los hombres son el desmentido de las cosas? —dijo para sí misma—. Si yo entonces dijese mi nombre, sería tomada por la mentira en persona.

—Pues bien —le dijo Luz del Día—, yo iré a ver ese señor. Y se quedó intrigadísima y pensativa sobre quién podría ser ese Tartufo liberal, de quien la casualidad le hacía su primer contacto, su especie de chambelán o «ciceroni», desde su primer paso en el suelo americano.

IV. Encuentro de Luz del Día con Tartufo

—¿Quién es este hombre? —se preguntó ella antes de verle. Tenía razón de ser circunspecta en sus primeros pasos en un mundo desconocido, para el que no había traído recomendación personal, con el solo objeto de guardar mejor su incógnito.

—Dos medios tengo para despejar esta incógnita grave y decisiva de mi destino en América —se dijo a sí misma Luz del Día—. El primero, es la fisonomía de Tartufo, que conozco como a mis manos. Es verdad que han pasado siglos por él, pero la Hipocresía, como la Verdad, es inmortal y siempre joven. Para el caso, sin embargo, en que el traje o algún otro cambio exterior le disfrace, tengo otra llave, y es la de su conducta moral. Si él hace profesión de enseñarla como educación, yo veré cómo la practica con las mujeres honestas; el mejor catecismo es el ejemplo, y cuando el maestro no es un libro vivo, o el comentario vivo de sus libros, toda su enseñanza es de palabras mentirosas.

Tartufo estaba en cama a las nueve de la mañana, cuando su criada le anunció que una mujer solicitaba obstinadamente el permiso de verle.

—Es imposible —dijo él— ¿no me ve usted en cama? ¿No se lo ha dicho usted a esa mujer?

—Sí, señor, pero parece no ser obstáculo para ella...

Tartufo mira a su criada como buscando un sentido sardónico en esa palabra.

—¿Pero qué cosa es esa mujer? ¿Es una sirvienta?, ¿es una vieja?, ¿es una negra o mulata?

—No, señor; es joven, blanca, rubia, ojos azules como una inglesa.

Tartufo estudia otra vez el gesto de su criada y compone el suyo propio: parece extranjera —añade la criada— por su modo y figura. ¿Quién sabe si no trae alguna carta de recomendación para el señor?

—Es verdad —dice Tartufo aprovechándose de esta insinuación—. Pues bien, déjela usted entrar, y para no autorizar sospecha, si alguno viene durante su visita, diga usted que yo duermo todavía.

V. Tartufo y Luz del Día

Tartufo que no era un Marat, sabía por su conciencia, que no era indigno de una Carlota Corday, y por sí o por no, puso su pistola debajo de la almohada. Se sentó en su cama, se puso su «robe de chambre» de seda, medio se peinó, compuso su cama lo mejor que pudo y esperó la entrada de su misteriosa visita, que en ese momento hizo su aparición.

Para entrar, había dejado caer sobre su rostro un velo negro que hacía más picante su interesante persona y que la permitía ver sin ser vista.

Desde su entrada reconoció al genuino y verdadero Tartufo, y se quedó estupefacta de aquel hallazgo, que destruía todas las ilusiones de su viaje de refugio al Nuevo Mundo, que ella creyó ser el de la verdad. Él pensó que el rubor la detenía y la invitó con voz dulce y expresiva a llegar hasta su lecho...

Era lo que ella esperaba, para confirmarse sobre la identidad del sujeto. Luz del Día se avanzó hacia Tartufo y cuando él la tendía amablemente sus dos brazos, ella asumió como un relámpago su imponente y majestuosa beldad, arrojando su velo y todo su traje hasta quedar en la plena y casta desnudez que la presta la mitología de los antiguos.

Tartufo al reconocerla, lanzó un grito de horror y se quedó como desmayado; pero no lo estaba, porque descansaba en la confianza de que su poder era más grande que el de la Verdad. Sin embargo, aparentando reasumir su presencia de espíritu.

—¿Es con el objeto de perseguirme que usted ha cruzado el Océano? —preguntó a Luz del Día.

—Es con el objeto de huir de usted y de las generaciones formadas a su imagen, que he venido al mundo que yo creía ser el de la verdad misma. Pero ya que he tenido la buena o mala estrella de descubrirle, haré al menos a la América el servicio de revelarle o delatarle la presencia en su seno del monstruo más terrible y más capaz de perderla.

«Yo sería criminal ante mi propia conciencia, si por evadir este deber, dejase envenenar la educación de esta nueva sociedad, en manos de la mentira personificada.

»En cualquiera otro caso puede ser la hipocresía menos desastrosa, que posesionada de la educación, en que ella es a la salud moral del país, lo que el veneno en las fuentes, en las aguas y alimentos de que se nutre el pueblo; es multiplicar a Tartufo, unidad de perversión, por el número de habitantes de que se compone el país, y hacer poco a poco de todo él, una personificación colectiva y gigantesca de la mentira, empleada contra sí misma.»

Después de oír tranquilamente esta declaración, Tartufo habló a Luz del Día en estos términos:

—No se equivoque usted, señora, sobre la importancia del mal que pueda hacerme la revelación con que usted me amenaza. Un poco de prestigio menos sería toda mi pérdida; pero si en la necesidad de mi defensa, yo tuviese el dolor de delatar a usted misma y hacer saber a estas gentes cuál es el terrible y verdadero carácter de usted...

—Yo soy la Verdad —interrumpe Luz del Día.

—Bien lo sé, y por eso cabalmente es usted la desgracia, el crimen y la calamidad, más temida en estos países, más todavía que en Europa. Sin duda alguna, yo sería perjudicado por la revelación con que usted me amenaza; pero no sería sino un mal de opinión muy transitorio. Aquí todo el mundo hace profesión pública de rendir homenaje a la Verdad, pero cuidando en realidad de exterminarla, en todas las ocasiones que se presentan de hacerlo impunemente y sin darlo a conocer.

—¿Y quién tiene la culpa de ello? —interrumpe irritada Luz del Día.

—¿Quién? Confiese usted que la responsabilidad está muy dividida —dice Tartufo.

—¡Cómo!

—Sí, porque la Verdad, a fuerza de ser dura, precipitada, orgullosa, provocativa, se hace odiosa y odiada de los hombres, que nacen vanos, por decirlo así, y son todo imperfección, aquí como en todas partes.

VI. Condición de la Verdad en Sudamérica

«La Verdad no es amada como ella se lo figura, prosiguió Tartufo; y la razón es muy sencilla, porque todo se vuelve debilidad e imperfección en este mundo naciente, en que todo emana del pueblo, vano por excelencia. La Verdad es temida y detestada de los imperfectos, por la misma razón que lo es la Justicia por los culpables, a pesar de su naturaleza divina.

«La Verdad tiene que aprender mucho todavía; no la basta enseñar, ella misma necesita aprender, y por más que la sorprenda lo que voy a declararla, yo la diré, que de nadie necesita aprender más que de Tartufo.»

—¡Vaya pues! —dice la Verdad impacientada de tanto cinismo.

—Si ella oyese mis consejos, su poder sería más grande (porque todos tienen derecho de aconsejar, incluso la hipocresía) —dice Tartufo.

—¿Cuáles son, pues, esos consejos?

—¿Cuáles? Desde luego asociarse conmigo en el trabajo de la educación popular.

A pesar de su irritación, la Verdad, quiero decir, «Luz del Día», no pudo comprimir la explosión de su risa indignada y colérica.

—¡Transigir, pactar con la Mentira! y ¿qué es entonces la Verdad?, ¿cuál es su papel en el mundo? —repuso ella.

—Su papel —dijo Tartufo— es enseñar halagando, lisonjeando, engañando, en una palabra; y la Verdad no tiene un colaborador más eficaz que yo bajo este aspecto.

—Pues bien —dijo Luz del Día— yo consiento en abandonar mi pensamiento de delatar a Tartufo, sin prometerle por eso admitir sus consejos, a una condición «sine qua non», y es: la de que él me revele cándida y fielmente toda su filosofía, es decir, toda la razón de sus reglas y principios de conducta de engaño y falsedad.

Aceptado y convenido, Tartufo se puso a la disposición de la Verdad para responder y satisfacer a todas sus cuestiones y curiosidades por impertinentes que le parecieran.

VII. Confesiones de Tartufo

—Pero observo —dijo Luz del Día— que mi presencia le tiene a usted en cama fuera de sus horas. Puede usted vestirse sin interrumpir por eso la conversación.

—¡Cómo! —exclamó Tartufo ruborizado— ¿en presencia de una dama honesta, que no es mi mujer?

—¡Siempre el mismo! —dijo Luz del Día— usted ha prometido ser sincero por un momento al menos.

—Sí; pero hay sinceridades que la Verdad misma condena.

—¡Ninguna!

—¿Por qué anda usted vestida de mujer?

—Porque soy libre de vestir de mujer o de hombre sin faltar a la verdad de mi carácter, pues yo no tengo sexo. Para mí el traje es un medio de estrategia. Lejos de ofenderme de que Tartufo se vista en mi presencia, yo haré de su «valet de chambre», y le alcanzaré sus vestidos, para hacer mejor mi estudio de su ciencia de mentira científica. ¡Vamos!, ¿dónde está la sotana o túnica negra?

—Mi sotana actual, es esa blusa garibaldina, que ruego a usted pasarme y ese casquete rojo.

—¡Una blusa garibaldina!, ¡un casquete rojo! ¡Pues qué! ¿ha dejado usted de ser Tartufo? —exclama Luz del Día.

—Es porque lo soy más que nunca, que llevo esos vestidos del sacerdote armado de la libertad republicana. Yo sería un imbécil en pretender ocultarme hoy día con disfraces religiosos. Para hacerme conocer de todo el mundo, no necesitaría sino tomar mi traje del siglo XVII, ir a misa, llevar rosario, confesarme a menudo. Todo eso es de la táctica vieja y abandonada. Yo visto hoy día las armas del siglo en que vivo. Cuando el rey de Prusia, Napoleón III y todos los soberanos del mundo cambian sus armamentos y reforman su estrategia, ¿conservaría yo mis armamentos de tres siglos atrás? «La libertad, el progreso, la educación, la civilización» como yo los tomo y practico, son «mi fusil de aguja, mi cañón de acero, mi Chassepot, mis balas explosivas». Y mi palabra de orden, mi divisa, mi consigna de guerra, es: «¡Muera Tartufo!»

—Por este medio —dice Luz del Día— la Mentira y la Verdad hablamos el mismo lenguaje, vestimos el mismo traje, tenemos las mismas apariencias. Es al menos un homenaje que la Mentira rinde a nuestro poder.

—Con esta diferencia —dice Tartufo—, que yo puedo mucho contra la Verdad misma, sin que ella pueda nada contra mí. Yo puedo calumniarla, y todos me creen, porque todos la aborrecen, a causa de que todos adolecen de algún achaque moral, cuya revelación temida es la razón de su odio. La Verdad puede delatarme sin que nadie se lo crea, porque todos defienden en mí su propio modo de ser confortable y útil de que yo doy el ejemplo y soy la «personificación».

VIII. Gabinete industrial de Tartufo

—Pasemos entretanto a mi gabinete de trabajo —dice Tartufo, ya vestido, conduciendo a Luz del Día a una pieza inmediata, que tenía todo el aire de un museo de objetos y curiosidades arqueológicas sin dejar de estar amueblada del modo más elegante y confortable. Este cuarto era un «Cosmos». Estudiarle era iniciarse en la ciencia entera de la mentira moderna. Luz del Día dio rienda suelta a su curiosidad genial; queriendo verlo todo y haciéndose dar explicaciones de todo cuanto veía. Por ejemplo:

Acercándose a un armario que parecía contener libros y en que estaba escrito este rótulo, «Diplomacia», quiso ver en qué autores la estudiaba Tartufo y trató de sacar un volumen.

—No —la dijo Tartufo— no son libros, son cajones, que contienen cosas concernientes a diplomacia.

—Veamos —dijo Luz del Día con doble curiosidad— ¿qué cosas son ésas?

—La diplomacia no se ha hecho para usted, mientras que en mí es innata. Yo la sé a fuerza de no estudiarla —dijo Tartufo.

—¡Cómo! —dijo Luz del Día— ¿soy yo incapaz de entender los grandes intereses que ligan a las naciones en el sentido de su progreso y bienestar solidarios? ¿No se ha hecho para mí la capacidad de entender los principios y aplicaciones del derecho, como regla general de vida universal, a las relaciones recíprocas de los Estados?

—Todo eso es la retórica, la máscara pueril de la diplomacia, que es algo más seria que los libros y los estudios de pasatiempo para niños vanos y viejos tontos —observó Tartufo.

—Veamos, pues, la verdadera diplomacia de Tartufo, y abre un cajón del armario, que parecía de libros.

—Pero aquí no hay libros, dice ella. Aquí veo un gran mazo de llaves grandes y pequeñas, de todas formas, como para servir al oficio de descerrajar y abrir baúles, cómodas, puertas, armarios. Veo frasquitos con rótulos en que leo «ácido prúsico, láudano, sulfato de morfina, jarabe de amapolas, digitalina, cloroformo», en una palabra, una colección de venenos activos. Veo puñales y pistolas, caretas de máscaras, velos negros, escaleras de cuerda, rompe-cabezas, una porción de bolsillos, como para poner piezas de oro; en fin, mil cosas que me hacen creer que veo la oficina de un juez del crimen, por no decir de un criminal.

«El único libro que aquí encuentro, en un cuadernito o memorándum, titulado: "Relaciones importantes", que contiene estos capítulos: "Porteros de casas y oficinas: mozos de hotel, obreros que han cumplido su pena en los presidios, escribientes y secretarios privados de los escritores y publicistas". Yo no veo qué relación puede tener todo esto con la diplomacia», observó Luz del Día.

—Por eso digo, que usted no ha nacido para la diplomacia —repite Tartufo— La Verdad es como el Sol, puede ser vista, pero ella nada ve, porque la luz no tiene ojos. La diplomacia se siente, pero no se explica; es un tacto, un instinto, un don que Dios da a los más humildes, como a la araña el de tejer telas, que no harían los mejores fabricantes de Lyon y de Manchester.

—¿Pero los venenos?

—Los venenos son la base de la medicina. Su nombre griego de «drogas» muestra que se confunden con los medicamentos. Suprimir un pólipo o un insecto parásito, que vicia la sangre del cuerpo social, no es sino dar la salud a la sociedad —dice Tartufo.

—Pero eso es la moral del asesinato —observa espantada Luz del Día—. Las víboras en tal caso no deberían ser exterminadas, sino adoradas como los seres guardianes del hombre. Amiga de la humanidad, yo no puedo querer el bien que hacen los bribones, según la teoría de Tartufo.

IX. Sigue el examen

—Pase usted a otra cosa, que no todo es lúgubre en la diplomacia, dice Tartufo.

Luz del Día abre otra gaveta, que tiene encima el rótulo de «Tratados de las Repúblicas de América, anteriores a la revolución de su Independencia».

—Si esto no es una charada, yo no comprendo este título. ¿Puede hacer tratados el que no ha empezado a existir? ¿Los nonatos celebran contratos? ¿O se explica esto por la teoría de Pitágoras, de la transmigración de las almas?

—Son tratados pretéritos —dice Tartufo— que valen más que los vigentes, por la misma razón que todos los muertos son más perfectos que los vivos, como lo declaran uniformemente todos los epitafios. ¿Quién osaría decir que un tratado de Cicerón o de Demóstenes, no es superior a los tratados de los oscuros diplomáticos del día?

—Pero en fin —dice Luz del Día—, son tratados que han dejado de existir, como los poderes que los hicieron. ¿A quién obligarían hoy día los tratados celebrados por la antigua Grecia y la antigua Roma? ¿Se llamarían tratados franceses y españoles, porque España y Francia fueron colonias romanas cuando se celebraron por su metrópoli?

—Es con otra luz —dijo Tartufo—, que se debe apreciar la negociación de tales tratados, es decir de la diplomacia histórica; porque usted sabe que la diplomacia se define, el arte de negociar tratados, y yo creo que un tratado obtenido por nada y vendido a un alto precio, no se puede llamar mal negociado, sino por los envidiosos, que pretenden que todo el mérito está en hacer el tratado, no en negociarlo; pues el comerciante que vende géneros, no es el fabricante que los ha manufacturado. Esta última operación tiene algo de mecánico y bajo, que desdice del verdadero diplomático.

—Por lo actual y palpitante del valor de esos tratados se puede colegir lo bien que la ciencia de Tartufo comprende el papel de la política exterior en la población, enriquecimiento, educación y progreso de la América del Sur —reflexionó con tristeza Luz del Día.

X. La mesa industrial de Tartufo

Estando en esto, entra un criado de librea y anuncia que el almuerzo está servido para el señor Tartufo y su visita, abriendo al mismo tiempo las dos grandes puertas de un comedor espléndido.

—Para mí es inútil —dice Luz del Día— porque yo he salido de mi hotel después de almorzar; pero si es compatible para Tartufo comer y conversar al mismo tiempo, yo ocuparé una silla en su mesa mientras él almuerza. ¡Qué espléndido comedor! ¡Qué inmensa mesa! ¿Aquí veo asientos para diez personas?

—Son por lo menos las que comen conmigo diariamente —dice Tartufo.

—¿Luego esto es un hotel privado o una posada?

—Dios me libre de ello.

—¿Luego Tartufo debe estar nadando en riqueza?

—Nada de eso.

—¿Y cómo se explica este banquete diario?

—Eso es lo que voy a explicar bajo la mayor reserva a Luz del Día, que es para mí como mi conciencia misma.

—Es decir que no soy nada para Tartufo, lo cual hace tiempo que lo sé —interrumpió Luz del Día.

—Si yo no tuviera diez invitados en mi mesa cada día —prosiguió Tartufo— yo moriría de hambre y de pobreza. Esta mesa no es la de un hotel; pero lo que gasto en ella es más productivo que el gasto del fondista más especulador. Esto no es una mesa; es un mostrador, en que cada copa de vino es pagada a peso de oro. Pero los convidados no lo saben. Ellos creen recibir una comida, y son ellos los que me la dan. Ellos compran su comida sin apercibirse del precio; porque la pagan indirectamente, como los desechos de Aduana que han pagado el reloj y el traje que llevan puestos. Reciben mi comida como un favor honesto, y naturalmente me la pagan con su gratitud y sus respetos, sin perjuicio de sus invitaciones de reciprocidad. Esta reciprocidad es la de las grandes naciones a las chicas, en sus tratados de comercio: es decir, una palabra dada en cambio de un tesoro. Pero aquí mi comida es la palabra, y la palabra de mis convidados el tesoro. Cada palabra que sale de su boca excitada por mis ricos platos, cada indiscreción que mis vinos hacen caer de sus labios, cada revelación que el calor de la mesa hace producir sin pensarlo, son pepitas de oro, perlas preciosas, chispas de diamantes, que yo recojo y atesoro en mi bolsillo, o mejor dicho en mi «memorándum» que es como un «gran libro» de la deuda pública, en fecundidad de recursos. Porque esas palabras, esas indiscreciones, esas revelaciones tienen siempre sus compradores entusiastas, que no se paran en precios, por la razón natural de que ellos, a su vez, las venden a otros, sin necesidad de ser Tartufos de profesión. Porque en América de «Tartufo, poeta y loco, todos tenemos un poco».

—Gracias a los maestros que América ha recibido de Europa —dijo Luz del Día. ¿Y desde cuándo, en qué época emigró Tartufo a esta América?— preguntó Luz del Día.

—Soy uno de los pobladores desde el siglo XVII, pues las revelaciones majaderas de Molière me obligaron a desertar la Europa bajos las reinados felices de Luis XIV y Felipe II, los Médicis y Maquiavelo, y emigrar como colono a este nuevo mundo de creyentes fáciles, de ilusiones, esperanzas y riquezas. Yo he contribuido como buen vecino a formar las costumbres y caracteres de mucha parte de esta sociedad; con la cooperación eficaz de mis compañeros de emigración, es verdad.

—¿Y quiénes fueron los compañeros de viaje y de emigración de Tartufo en el nuevo mundo? —preguntó Luz del Día.

—Mis conocidos y viejos camaradas de la Europa feudal, Gil Blas de Santillana, Basilio de Sevilla y tantos otros...

—¿Loyola también?

—Vino antes que nosotros y puede decirse que gran parte de Sudamérica, es para él lo que «Pennsylvania» para Guillermo Penn.

—¿Y todavía anda por acá?

—Dicen que ha desaparecido, pero yo lo dudo. El hecho es que yo tomo su olor en todas partes, y veo reproducir su sello en cada criatura de mis convidados. Aquí es costumbre decir que solo el Paraguay ha sido educado por los jesuitas. Toda Sudamérica ha sido un Paraguay para los soldados de Loyola. No hay carta geográfica que no lo confirme. En todas ellas están señaladas sus «Misiones». Lo que yo creo es que Loyola, desde su persecución y destierro de los dominios españoles, ha hecho lo mismo que yo; se ha disfrazado, ha cambiado de nombre y de traje, y anda de incógnito como Luz del Día y como su atento servidor. Pero el hecho es que, en una forma o en otra, él sigue gobernando estos países por su influjo, en negocios de Guerra y Hacienda, sobre todo, que son como los dos brazos del Gobierno. Usted sabe que fue siempre aficionado a las tres cosas; a la guerra, como que fue su primera profesión; a la hacienda, por su ardor de grandes empresas; y al gobierno, que era su afán de poseer y ejercer indirectamente. Así se explica que los que hoy pasan por liberales, no proceden en política sino por los mismos medios de que se servían cuando pasaban por jesuitas.

—¿Quiere decir, que Basilio anda también de republicano liberal en Sudamérica?

—Sin duda, pero no se entiende con Loyola.

—¿Y dónde está Basilio?, ¿en qué se ocupa? ¿qué papel hace en esta América del Sur? —pregunta Luz del Día.

—Basilio pasa por italiano, y en esta calidad se roza con las bellas artes, y no se aleja del bello sexo por las naturales afinidades de la mujer con todo lo que es bello. Usted sabe que aunque español de origen, emigró a Roma, y allí se naturalizó italiano. Rossini ha contribuido a poner de moda a Basilio entre el mundo elegante, por el papel amable de calumniador amoroso, que le dio en el «Barbero de Sevilla».

—Usted equivoca a Rossini con Beaumarchais —observó Luz del Día.

—Es verdad, pero debe a Rossini el idioma italiano y el gusto por la música, con que hoy hace su carrera en el gran mundo; su carrera de calumniador bien entendido, de alcahuete, de espía, de intrigante. Se ocupa de negocios de crédito, no para levantar empréstitos, sino para desacreditar a sus comitentes, y hacer imposible los empréstitos, por cuya razón percibe un moderado interés de sus rivales beneficiados. Su oficio para viajar incógnito, en sus expediciones de exploración científica, como él las llama, es «botánica», de que tal vez sabe un poco, por su interés de conocer los venenos vegetales que no dejan rastro en los usos a que él los aplica, para resolver por un precio módico, los conflictos diplomáticos y políticos, en que un hombre es el obstáculo. Se ocupa de todas las libertades de este mundo, menos de las libertades de Italia; sirve a todos los países, menos al suyo; es un «Mazzinista», un «Garibaldino» acérrimo, pero vive de «negrero» al servicio de los dos únicos gobiernos que mantienen la esclavitud de la raza negra en sus dominios.

XI. No todo es malo en Sudamérica

—Pero entonces —dice Luz del Día— ¿esta América es un refugio de tigres? ¡No hay aquí sino fieras y furias con caras agradables y exteriores seductores!

—No se equivoque, Luz del Día, pues también se encuentran emigrados de Europa en América: el Cid Campeador, Guzmán el Bueno, el gran Pelayo, y los más grandes y asombrosos caracteres de la Europa del tiempo en que fue conquistado este continente a la barbarie; sin contar a Vasco Núñez de Balboa, a Colón, a Pizarro, a Hernán Cortés, a Mendoza, Almagro, Gaboto, Las Casas, Ercilla y otros que andan de incógnito, por su calidad de españoles y se conservan generalmente lejos de las ciudades, en las campañas y montañas de la América, que conservan su fisonomía medio primitiva de los memorables siglos XVI y XVII.

«Todas esas rústicas y simples, pero grandes figuras, son el terror de los Basilios y Gil Blases, que habitan las ciudades en medio del sibaritismo.»

—¿Y no lo son también de los Tartufos? —pregunta Luz del Día.

—Pues aunque parezca anómalo —responde Tartufo—, los de mi familia han guardado cierta afinidad con esos fuertes caudillos, cuando la comunidad de miras e intereses no los ha dividido transitoriamente. Lo cierto es que América, con sus defectos y cualidades, no es más que un reflejo de la Europa de más atrás, y nada contiene de bueno y malo, que no sea europeo de origen, de índole y carácter. Así, se ve que su historia y su política, son como la fotografía de su territorio, cruzado de gigantescas cordilleras, en que los abismos tenebrosos, se alternan con las celestes alturas de sus montañas. Al lado del bandido, vive el héroe, y los más nobles y generosos caracteres, se mezclan y confunden con las hienas y osos de cara humana, en esta sociedad, que es el embrión grosero de un mundo llamado a ser nueva edición corregida y mejorada del mundo antiguo y pasado.

Luz del Día se queda atónita al oír este lenguaje en boca de Tartufo, porque no reflexiona que si Tartufo no dijese cosas buenas y verdaderas alguna vez, no sería en realidad Tartufo, es decir, la máscara hermosa de una realidad atroz; o tal vez Tartufo tiene razón, y su transformación misma, que se produce por su mera habitación de un mundo de mejores condiciones materiales, es una prueba de la verdad de su última reflexión.

XII. Los recursos de Tartufo en América

—En resumidas cuentas —pregunta Luz del Día— ¿cuáles son los medios capitales de que Tartufo se ha servido para obtener todo lo que posee y lo que espera poseer todavía, en influencia, en bienes, en poder y prestigio? (porque yo espero que no esté todavía en su zenit.)

—Ciertamente que no; yo estoy seguro de que acabaré por ser el jefe supremo de mi país.

«Mis medios favoritos, son sociales, no políticos. Yo creo que puedo revelarlos cándidamente a Luz del Día, porque no temo que se apodere de ellos; no son de su gusto, ni sabría manejarlos. Es preciso nacer o educarse para ello; y sobre todo es preciso evitar con cuidado los caminos derechos que tanto gustan a Luz del Día.»

—En fin: ¿cuáles son? —preguntó ella.

—Son dos principalmente —responde Tartufo: la «propiedad» y la «familia»; pero entendidas de un modo aparte, no como todo el mundo los toma.

«Cuando digo la "propiedad", hablo del "egoísmo", que es la fuerza locomotora de cada hombre. Todo hombre me sirve de instrumento desde que puedo darle participación en el provecho de un negocio tenido en mira. La participación, la cooperación, he aquí el medio simple y grande a la vez de mi buen éxito.»

—Pero es el que emplean los pulperos, los carniceros, los verduleros para robar a los amos y patrones, por sus criados encargados de comprar los abastos: consiste todo en corromper al criado dándole parte del precio mentido y convencional que entre vendedor y comprador hacen pagar al dueño de casa, para repartirse la diferencia del precio verdadero —observa Luz del Día.

—No importa —dice Tartufo—; las grandes ideas son siempre simples. La válvula, ¿no fue inventada por un niño? La diplomacia ha nacido en los mercados y en las cloacas... No hay adquisiciones más seguras y fáciles que aquellas que se hacen por la cooperación de las personas depositarias de la confianza ciega de un propietario o capitalista acaudalado.

—Lo cual es simplemente el soborno y el robo por corrupción y abuso de confianza —dice Luz del Día.

—Es por eso que he dicho que mis medios no servirían jamás a Luz del Día: mejor para mí, peor para ella —concluye Tartufo cínicamente.

XIII. La moral de Tartufo

«El otro instrumento capital de Tartufo es la "familia" —dice él mismo —Por familia, entiendo los niños, las mujeres, los criados, los dependientes, los parientes y hasta los amigos familiares de una casa, conquistados y empleados como instrumentos de acción contra sus mismos padres o hermanos, cuando éstos son poderosos y hay algo que sacar de ellos. La invención de este medio, debo confesarlo, no es mía: es de un "alter ego"; pero como no tiene patente de privilegio, yo he creído poder apropiármelo sin faltar a la amistad ni a la ley de los nuestros, por decirlo así. Es la revolución en miniatura, un 89, un cataclismo social en un vaso de agua. Pero no hay poder político, no hay capacidad, no hay prestigio ni grandeza que resista a la reacción que tiene por instrumentos a los que son parte de un mismo ser, carne de su carne, alma de su alma; a los que llevan su nombre y son solidarios de su destino. En política, en guerra, en negocios de todo orden, jamás este medio ha dejado de darme el resultado que buscaba, es decir, la caída del padre de familia, comprendiendo en esta palabra el jefe o cabeza de todo establecimiento público o privado, de todo cuerpo, de toda sociedad. Conviene no olvidar que, antes que el pariente, la pieza importante de la familia es el criado o doméstico, especie de paria agregado a ella por fuerza, y enemigo natural, legítimo y merecido de sus amos. Antes era "esclavo", después fue "siervo", hoy es "sirviente", que es peor todavía, pues es un esclavo hecho por su propia voluntad de esclavizarse. Y como esta esclavitud es a término el sirviente es un esclavo, que cambia de amos, o enemigos o patrones, cada día. Es el aliado natural de todos los enemigos de la casa, y no hay casa que resista a un enemigo tan íntimo; es un pólipo. Nadie ha explotado la industria o estado de sirviente como Gil Blas; era su oficio favorito en España. Le debe lo que es; ha hecho de él un arte, una ciencia. Mientras haya sirvientes, habría Gil Blases.

«Al orden de la "familia", como instrumento de acción contra ella misma, pertenecen las logias y las escuelas o colegios —prosigue Tartufo.

»Las logias son instrumentos de libertad en países esclavos, pero en países libres, cuando no son máquinas de opresión, son meras sociedades cooperativas, compañías de asistencia mutua, de abjuración recíproca de toda opinión propia. Son verdaderas máquinas de opinión facticia, fábricas o talleres de justicia convencional, manufacturas de verdad hechiza o contrahecha, laboratorios de atmósfera moral, para dar vida a seres, a ideas, a cosas condenadas a morir, o a no nacer en su atmósfera natural verdadera. ¡Qué de coroneles, qué de generales, qué de presidentes y de grandes personajes conozco, que no serían sino vil multitud, sin la palanca de la logia, que los levantó de su normal oscuridad! Ella es en Sudamérica, para ganar la fortuna sin trabajo ni capacidad, lo que es en Inglaterra la asociación comercial para ganarla por la industria y el trabajo. En Inglaterra es la asociación de las fuerzas del trabajo y del capital, lo que es aquí una asociación de las habilidades del ocioso y de las cobardías, del nulo, para asegurarse la adquisición de un medio de vivir y gozar.»

XIV. El mismo asunto

«La escuela, el colegio, como medios de propaganda y de proselitismo pueden ser muy útiles; pero yo los tomo de otro modo más práctico y más útil todavía —dice Tartufo—. El niño es el ideal del espión, porque es inconsciente de su espionaje pueril, pero eficaz. Es un espejo, en que el observador sagaz ve hasta los secretos más insondables de una casa. Todo está en saberlo colocar e interrogar. Su testimonio es veraz y exacto como el de un espejo, porque tiene toda la inocencia del espejo, a cuya refracción no se escapan ni los defectos físicos de su madre y de sus hermanos. Es un suplente del confesonario. Secretos que por ningún oro se obtendrían de boca de un sirviente infiel, se recogen de balde de los labios verídicos de un niño, a precio de una muñeca, de una caja de pastillas, de un billete para ir a un teatro de títeres o cosa parecida.»

—Pero el secreto arrancado de ese modo a un niño, es un robo, es un crimen abominable, es el acto de un pícaro, que merece la cárcel —dice Luz del Día.

—Para Luz del Día —dice Tartufo—, eso puede ser así; pero no para los que vemos las cosas con otra luz. Los niños son llaves maestras de las puertas más secretas de un hogar, de las cómodas y baúles, de los armarios, hasta de las carteras, hasta de las cartas para quien posee el arte de manejarlos, como Basilio, por ejemplo, que se eximió en ello. A eso debe la mitad de sus ganancias en la vida cabalística y romanesca que lleva, bajo toda la prosa de su exterior vulgar. Pero el niño es una llave maestra, que tiene esta ventaja: lejos de hacerse sospechoso al poseedor, lo recomienda a la confianza sobre todo de la madre, cuyo corazón no tiene pliegue reservado para su niño, que, por decirlo así, habita dentro de él. Esto ha hecho que Basilio abuse un poco de su oficio de comeniños, llevando la mano más allá del niño en la santidad del hogar ajeno... Es que uno puede atraer y tener entre sus manos al niño en nombre de un santo objeto, la educación, la instrucción.

—Pero ¿Tartufo tiene escuela de niños? —le pregunta Luz del Día.

—¡No faltaría más sino que yo vendiese mi tiempo y mi paciencia por treinta pesos al mes, el salario del último sirviente! Yo me ocupo de la educación, para lo que es exaltar y ponderar sus ventajas, porque eso produce buen efecto y da opinión. Yo me ocupo de hablar y de escribir de educación, pero no de educar yo mismo; de enseñar a educar sin educar. De dirigir, de administrar, de gobernar la educación; pero no de darla, porque esto es oficio humilde, subalterno, y sobre todo, para darla es preciso haberla recibido. En una palabra: yo predico y hago sermones y conferencias sobre la educación, y esto me basta para ganar la confianza de los padres de familia y pasar por amigo del progreso, que es todo lo que yo quiero.

Mientras Tartufo ha conversado todo lo que precede, no ha cesado de comer con un ardor gastronómico, que parecía transmitirse a su palabra misma lejos de embarazarla, acostumbrado como está a frecuentar las mesas ajenas y a pagar su comida en discursos.

En esto, el criado de librea anuncia al señor Tartufo que en su salón le esperan numerosas visitas respetables.

—Brillante ocasión —dice Tartufo a Luz del Día— para que usted conozca y observe los principales personajes de esta sociedad. ¿Vamos al salón?

—No —dice Luz del Día—; aceptaré para otra vez la continuación de nuestra conversación interrumpida. Por ahora voy a mi hotel a concluir mi instalación.

—Sin olvidar —dice Tartufo— que aquí tiene Luz del Día, no diré su dormitorio, pero sí su comedor, su gabinete de estudio y su salón de sociedad, tan suyos como lo son míos propios.

—Gracias, por tanta bondad y tanto honor, dice Luz del Día, sin dejar de pensar que ya Tartufo quería afiliarla entre los contribuyentes y tributarios de su lujo y de sus ganancias.

Y Luz del Día se despidió de Tartufo, agobiada por tristes reflexiones sobre el porvenir de las generaciones del nuevo mundo, que se iniciaban en la civilización de la Europa por maestros como Tartufo, Basilio, Gil Blas, que venían a envenenar la tierra, que les daba asilo y alimento.

XV. Casos en que poblar es asolar

«Aquí he oído, dice Luz del Día, que gobernar es poblar. El axioma puede ser verdadero en el sentido que poblar es desenvolver, agrandar, fortificar, enriquecer un país naciente; poblar es educar y civilizar un país nuevo, cuando se le puebla con inmigrantes laboriosos, honestos, inteligentes y civilizados; es decir, educados.

«Pero poblar es apestar, corromper, embrutecer, empobrecer el suelo más rico y más salubre, cuando se le puebla con las inmigraciones de la Europa atrasada y corrompida.

»Aunque la Europa sea, lo que hay de más civilizado en la tierra, no es civilizado por eso todo lo que es europeo. La Europa abriga en sus entrañas, bajo el esplendor de sus mismas capitales más brillantes, millares de salvajes y bribones de peor tipo que los peores indígenas de América. Los "Pampas", están en París; la "Patagonia", en Londres. Para no emplear sino un argumento "ad hominem", por ser de todos conocido; "Tartufo", "Gil Blas", "Guzmán del Alfarache", "Don Juan Tenorio", ¿son acaso emigrados venidos de China o de Australia? ¿o son más bien los pobladores que la América debe a la Europa más civilizada?

«Gobernar es poblar; pero poblar es un arte, una ciencia, el arte, la rama más importante de la ciencia del gobierno, que es la economía política, es decir, la economía discreta, juiciosa, que no comete la impolítica de contundir la población mala con la buena, despoblando en vez de poblar; porque envenenar un país física y moralmente, es despoblarlo y hacerlo retroceder más atrás de la barbarie. El gobierno tiene un poder eficaz de selección en materia de población. No con reglamentos y prohibiciones de que se burla la naturaleza de las cosas, sino con diques, con obras, digámoslo así, como las que cambian las corrientes naturales de los ríos y de las aguas más libres.

»El arte de poblar, tiene su gran secreto en el arte de distribuir la población en el suelo que debe recibirla, por incentivos naturales y sin hacer violencia a los libres instintos de los pobladores.

»El arte de poblar, no es poblar lo que está poblado, sino lo que está desierto. Hacer que el desierto prometa al poblador, lo que no le dará la ciudad, es el arte del gobierno que sabe poblar. Los reyes de España obligaban a los pobladores de América a concentrarse en las ciudades para mejor tenerlos bajo su obediencia despótica, y los liberales de América imitan a los reyes de España, asimilando a la "barbarie, la vida de las campañas". Adam Smith, que sabía un poco el arte de poblar, al doble título de inglés y de economista, no era tan enemigo de los campos como algunos civilizadores americanos.

»El arte de poblar la América del Sur, con las poblaciones laboriosas de la Europa del Norte, es poblar la tierra americana que corresponda por el clima, la tierra europea de los Puritanos que plantaron y aclimataron la libertad y la industria en la "Nueva Inglaterra". En vez de dejar esas tierras a los indios salvajes, que hoy las poseen, ¿por qué no poblarlas con alemanes, ingleses y suizos? No son las razas de Gil Blas, ni de Basilio, ni de Tartufo, las que han de poblar ni mucho menos civilizar esos países de la América fría y austera por el clima. La América que da frutos sin trabajo y sin cultivo, será poblada por ociosos y por esclavos, explotados por otros ociosos usurpadores.

»Dichosos los pueblos que tienen por morada un suelo pobre; ellos serán como la Prusia, como la Holanda, como la vieja Inglaterra en Europa y la nueva Inglaterra en América. Todo está compensado bajo el Sol: el suelo pobre produce al hombre rico. ¡Desgraciados pueblos los que habitan un suelo que produce sin cultivo! Ellos serán como el Egipto, el Asia Menor, la India, la América tropical. El ocioso, es decir, el pobre, nace entre el plátano y la caña de azúcar. Gil Blas y Basilio son frutos naturales de la tierra que produce el jazmín y el naranjo. Aviso a los legisladores de las tierras de promisión.»

Dándose a estas reflexiones generales, cedía olvidada Luz del Día, a sus hábitos sedentarios de estudio, que tenía en Europa, sin acordarse que estaba en un mundo que debe estudiar «d'après nature», y del cual no conocía directamente hasta ese momento sino a Tartufo, es decir, a la mentira interesada tal vez en extraviar y perder a Luz del Día, desde sus primeros pasos, en las simpatías de América.

XVI. Otras ocupaciones de Tartufo en América

En una nueva conversación tenida entre Tartufo y Luz del Día, preguntó esta última a su interlocutor: Qué motivos había tenido él para ocuparse de «finanzas» y de crédito, con preferencia a otros trabajos más vecinos de la moral y de la religión.

—Muchos que usted misma conoce —repuso Tartufo—. Desde luego, porque las finanzas son el poder por excelencia, y yo he buscado siempre el poder material y temporal del dinero, convencido como estoy de que el poder espiritual no existe, y no hay más medio de sustentarlo, aunque artificialmente, que el del poder temporal del oro, o para hablar con más pudor, del papel-moneda. Reducidos a la posición de los judíos, por el despojo de nuestros bienes, hemos hecho como ellos: nos hemos dado al cultivo y explotación del crédito.

«El crédito no solo tiene la ventaja de traer el dinero a nuestras manos, sino lo que es más precioso, el dinero de los otros, el dinero ajeno, para gozarlo como propio, sin incurrir en los riesgos y peligros que corren los ladrones. El crédito, a la inversa del robo, consiste en disponer de lo ajeno, con la voluntad de su dueño. Crear en el dueño la voluntad de dejarle a usted gastar su dinero, es el talento y el arte del financista. Nada más fácil que esto para el que conoce las ilusiones de la avaricia, es decir del capitalista.

»El avaro es el creyente de los creyentes. No cree en Dios, pero cree en el dinero, y en todo lo que le promete dinero. Así, el arte de prometer, es todo el arte de vaciar los bolsillos de los avaros, y como no hay quien no ame el dinero y sus ventajas, todos son como los avaros en credulidad.

»El crédito, es la credulidad, la fe, la esperanza, no la caridad. La caridad a menudo es el escollo del crédito. El corazón que no es una caja de fierro, no es el corazón de un financista: es un buque agujereado, que se llenará de agua por los agujeros, y se irá a pique. Los agujeros, son los sentimientos y los escrúpulos de conciencia. La única caridad financista, es la caridad productiva, o reproductiva, pues si la caridad enriquece al mendigo, a menudo produce al filántropo, que sabe parecerlo, cuidando de no serlo.»

—¿En qué sentido —pregunta Luz del Día— el dinero es el poder y el gobierno?

—Decir que tener dinero, es tener ejército, armamento, escuadra, víveres, es un lugar común que conocen hasta los niños. Pero lo que no todos saben, es que el dinero es el poder legítimo, la autoridad moral, porque con él se compra la obediencia, el respeto, el sufragio, las simpatías, las opiniones, las creencias, la fe, la esperanza, es decir, el mismo dinero.

«Decir que el poder es el principal instrumento de ganancia y de riqueza, es otra vulgaridad trivial a fuerza de ser una verdad conocida. Pero el poder, además, da ciencia, sabiduría, juventud, belleza, títulos, condecoraciones, prestigio, admiración, opinión y concepto. He aquí por qué he buscado el poder material o temporal como medio de ejercer el poder espiritual, siempre por el camino de las creencias materiales, naturalmente, ya que las creencia religiosas disminuyen. El hombre vive de la creencia, y todo poder que descansa en la creencia, es irresistible para el hombre. Lo que importa es estudiar y conocer la creencia. El hombre no cree sino en sí mismo; él es su Dios, su culto, su templo, su Iglesia. Es preciso ser de su religión, para poseerlo y gobernarlo; es decir, pertenecerle, ser suyo, y no de uno mismo; porque cada hombre cree que el mundo ha sido formado para él. Cuando digo "ser", quiero decir "parecer", porque el que se abniega hasta convertirse en su semejante, corre el riesgo de ser "cristiano", es decir pobre, impotente, lo contrario de judío o banquero, hablando económicamente.»

—¿A ver un caso práctico —pregunta Luz del Día— del método que Tartufo sigue para encontrar prestamistas de grandes caudales?

—Desde luego —prosigue él— hago un secreto impenetrable del destino que ha de recibir el dinero que tomo prestado, que no es otro, que el de servir el interés medio general, en que está virtualmente ubicado el mío propio, como usted lo sabe bien.

«A este interés oculto, le pongo un nombre y un traje, capaces por su magia de deslumbrar los ojos del prestamista, hasta hacerle creer que en realidad atesora, cuando en realidad disipa. Ese nombre es el de "trabajo de utilidad pública", o sea, "muelles", "puertos", "puentes", "ferrocarriles", "canales", "acueductos", "diques" y "telégrafos". Prestar para estas cosas, no es prestar; es colocar, guardar, asegurar su dinero en un cofre mágico, que tiene la virtud de restituir dobles los caudales que recibe simples.

»Para alimentar esta credulidad y esta creencia de los prestamistas, que son vetas reales de plata pura, tengo mi sacerdocio y mi cátedra, que son los escritores y la prensa. La prensa es un criadero de plata, en el sentido que ella forma y mantiene la creencia del prestamista. La prensa hace atmósfera, hace luz, hace horizonte, hace mirajes de aguas abundantes en arenales secos; hace perspectivas, que dejan a gran distancia los cuentos de las Mil y una noches. Tiene una literatura, una poesía, una retórica metálicas y monetarias, por decirlo así, porque sirven para hacer moneda.

»Esta poesía vive naturalmente bajo el incógnito prosaico y severo de los números; y su "folletín" se llama "Stock Exchange", "Money Market". Su incógnito es tan esencial, que acusaría de calumnia al que llamase por su nombre literario de "poesía" o de "novela". Para el que cree y espera, ¿qué importa la realidad? La felicidad de este mundo, no está en la realidad, está en la creencia; no está en ser feliz, sino en que lo crean a uno feliz.»

XVII. Prodigios del crédito según Tartufo

—Otro prodigio del crédito —prosigue Tartufo— es que él hace del prestamista un esclavo y un cortesano; y del deudor, un rey de su acreedor o súbdito. Cuanto más debe el deudor, mayor es su poder en el prestador. Así la deuda, es poder real y efectivo: y en lo público, como en lo privado, un gran deudor, se puede llamar un gran capitalista. Los acreedores son su tribu o su finca de negros trabajadores. Y esto no es maravilla, porque en la política no sucede otra cosa. ¿Quién es el rey? El tenedor de un poder ajeno, que pertenece a sus súbditos. ¿Quiénes son los «súbditos» del rey? Son el pueblo, es decir el dueño del poder, que administra por su mandato el rey. Es como decir que el rey es el deudor, y el pueblo el acreedor. Naturalmente, más poderoso es el rey, cuanto más poder ajeno ejerce.

«El crédito tiene misterios insondables, como la gracia. ¡Quién lo dijera! Cuanto más insolvente es un deudor, más crédito tiene. ¿Es la esperanza que nunca pierde el prestamista, de ser reembolsado, la explicación de este fenómeno?»

«El hecho es que un deudor tiene más crédito, cuantas más quiebras ha "hecho" (porque las quiebras se "hacen", es decir, se organizan como las empresas mismas). Se quiebra justamente, para tener crédito, y el buen deudor como el buen violín, es el que se ha quebrado y recompuesto muchas veces. En una palabra, la quiebra moderna es una operación de crédito, sancionada por los usos comerciales. Yo soy juez en esto, porque hablo por experiencia propia» —dice Tartufo.

—¡Pues qué! ¿Tartufo ha podido quebrar alguna vez? —pregunta Luz del Día.

—Como Tartufo jamás; pero en el incógnito de comerciante o de ministro de hacienda, es otra cosa. No solo tenía el derecho, sino el deber de hacerlo. La razón de ello es simple. Para que el dinero sea un instrumento de influencia y de poder, es requisito indispensable, que no sea propio. Nadie es influyente con su propio dinero, y se puede decir que no hay más que un ser venal en la tierra, es el rico. A los hombres y a los pueblos, se les compra con su propio poder.

«A pesar de su orgullo, el hombre no difiere del buey, que desde el matadero al mercado conduce la carne de su propia familia, no porque es malo, sino porque es buey.»

XVIII. La moral económica de Tartufo

«Como con el dinero, se hace el poder, prosigue Tartufo, y con el poder se hace la verdad, el derecho, la moral (sobre lo cual están de acuerdo protestantes y católicos, el príncipe de Bismark y el príncipe de Maquiavelo), no importa enterrar momentáneamente la moral y el derecho para conseguir el dinero y el poder. Se entierra la moral para reproducirla, como se hace con las papas y el trigo. No es un entierro, es una siembra. Y así como no hay papas nuevas, sin entierro de papas viejas, tampoco hay riquezas ni poder, sin sacrificio o consumo reproductivo de moral y justicia».

—Las máximas de Tartufo me espantan, dice Luz del Día.

—Y yo me espanto del candor suicida de la Verdad, que no quiere aprender a conocerse como la más desastrosa enemiga de sí misma, y la autora exclusiva de sus propios infortunios, dice Tartufo.

—Yo diría que no hay más que un escollo y un obstáculo para llegar al poder y a la riqueza: ese escollo y ese obstáculo es la Verdad, añade Tartufo.

—¿Tartufo me condena a muerte? ¿es mi destierro del mundo lo que pronuncia? Tales doctrinas insultan mi carácter —pronuncia indignada Luz del Día.

—Si la señora Luz del Día, se obstina en ver las cosas con su propia luz, yo la confesaré que no puede seguir en la exposición ingenua, que la he prometido, de la historia moral de mi conducta en América.

—En calidad de confesión del pecado consentiré en escucharlo para conocerlo; pero protestando furiosamente contra él.

—¡Protestar! ¿para qué?

—Para delatar al mundo esas blasfemias en nombres de la verdad.

—No será en este mundo, si Luz del Día quiere no ser exterminada. Yo la hablo en su propio interés. La calidad suprema en que ella ve su mérito es cabalmente la que constituye su crimen.

XIX. Los dos poderes o la Verdad y la Mentira

—¡Pero es insultar la América, decir que ella hace de la verdad un crimen! —observa Luz del Día.

—Distingamos —dice Tartufo—: ella no condena la Verdad legítima y democrática, que es la hecha por el legislador y por el pueblo, sino la verdad verdadera, la que quiere imponerse al pueblo soberano en nombre de su orgullo de ley divina o natural. De esta verdad no necesita porque es la única que la embaraza. Le basta con la verdad que cada uno se fabrica para su uso especial. Esta verdad de propia fabricación y de uso especial, no falta a nadie. No hay un solo hombre aquí que no sea un adorador y un apóstol furioso de la verdad, con tal que sea la verdad de su hechura y de su servicio. ¡Luz del Día habla de protestar! ¿en nombre de quién?

—De la Verdad —dice ella misma.

—Pero ¿dónde está, cuál es, quién la conoce?

—¿A mí me lo pregunta Tartufo?

—Yo sé bien que Luz del Día es la Verdad en incógnito. Pero, ¿por qué está de incógnito? porque se ha visto perseguida en Europa. Pues en América bastaría que se diese a conocer para verse objeto de universal horror.

—¿Habrá quién ataque de frente a la Verdad? —pregunta ella.

—De frente no, pero de flanco, sí. ¿Sabe la Verdad en nombre de quién sería exterminada? En el nombre mismo de la Verdad. ¿Cómo en qué calidad sería exterminada? Como la Mentira en persona. ¿Es nueva esta historia? No tiene sino 1870 años. Desde la ejecución de la Verdad en nombre de la Verdad hecha en el «Calvario», los hombres no han dejado de ser los mismos. ¿Contra quién protestaría Luz del Día?

—¡Contra la Mentira! —responde ella.

—Pero ¿dónde está la Mentira, cuál es, quién la conoce? Aquí todo el mundo aborrece la mentira, a condición de practicarla como verdad. Luz del Día protestaría en el hecho contra sí misma; su protesta sería su suicidio. Sería exterminada no como la Verdad, sino como la Mentira. ¿Por qué conducto, por qué órgano intermediario, harta Luz del Día esa protesta?

—Por el órgano de la prensa, que es la luz de los pueblos, la espada de la Verdad —dice ella envanecida.

—¡La prensa! Ella tiene por objeto ocultar la Verdad; los periódicos son publicados para evitar la publicidad, para oscurecer los hechos. Son los enemigos naturales de la Verdad y de su luz, porque la Verdad los apaga como la luz del día aniquila a la luz de la vela. La prensa es como esos teatros hechos para dar espectáculos diurnos con luz artificial: todo su objeto es evitar que penetre la luz del día, para que no extinga a la luz escénica o luz del arte. Cada periódico hace su luz a su modo, y según sus miras: cada luz es de distinto color: cada color tiene por objeto sustraer su idea a la luz del día. La luz del día es el enemigo común de todas estas luces de la noche, semejantes al gas, a la Luna, a la luciérnaga, al relámpago, que alumbran en la oscuridad de la noche solamente.

«Cuando la luz de la prensa no es como la luz de la noche, es como la luz pintada, que también es luz del día, en el sentido que solo de día se ven las pinturas. Pues como los pintores, los periodistas hacen su luz con sombras. Su luz es una luz, pero luz pintada; imagen y retrato de la luz viva, pero luz muerta. Es alumbrada, en vez de alumbrar.»

XX. Los números son la mentira

—Si Luz del Día no quiere ser desterrada de América, guarde estrictamente su incógnito; haga como yo hago —dice Tartufo.

—¡Es decir, que me haga hipócrita para no ser desterrada, como fueron los jesuitas! —observa Luz del Día.

—Yo no quiero recordar pleitos antiguos. Pero el destierro de los jesuitas de América, fue una máscara con que se cubrió otro jesuitismo peor todavía que el de los jesuitas de gorro colorado, que por su instinto, asesinan a la Verdad en nombre de la Verdad: el de los jesuitas pardos, como el portugués Pombal y otros, que ejercían su liberalismo en nombre de la autoridad absoluta de su tiempo.

«El disfraz y la duplicidad son tan esenciales garantías de seguridad, en este mundo llamado de libertad, que Luz del Día se compromete mucho con solo llevar un nombre transparente. Su nombre la disfraza, como un manto de encaje finísimo, ocultaría la desnudez de su cuerpo. Menos conocible estaría si se llamase simplemente doña Luz, sin añadir si es del día o de la noche.

Este nombre tiene la ventaja diplomática de ser muy usado por mujeres aldeanas, que son la personificación de la oscuridad por su ignorancia.»

—Yo lo pensaré —dijo Luz del Día, abrigando alguna incredulidad—. Si la verdad estuviese proscrita en un modo tan absoluto, las matemáticas estarían comprendidas en el destierro, y los números no mienten —observó Luz del Día.

—¿Los números no mienten? —pregunta Tartufo— ¿Qué dirá Luz del Día si la aseguro que los números son aquí los instrumentos favoritos de la Mentira por lo mismo que pasan por ser la lengua de la exactitud? La estadística es la mentira elevada al rango de las ciencias exactas, y la contabilidad es la linterna mágica con que el crédito hace entrever a los prestamistas las maravillas, que los tientan a desatar sus bolsas. Para el crédito inteligente, el arte de contar, es el arte de mentir por la lengua de los números. El sabe que «dos» y «tres» son cinco; pero llamando «cuatro» a lo que es «dos» y «seis» a lo que es «tres», él consigue demostrar «con la exactitud de los números», que «seis» y «cuatro» no son diez, sino cinco. Sumados tal dos, con tal tres, aritméticamente son diez, verdaderamente son cinco. Los dos tienen razón: las matemáticas y la verdad. Con este modo de manejar la lengua de los números, nuestros presupuestos jamás dejan de presentar sobrantes, acompañados de «déficit», que exigen empréstitos, nunca aplicados a cubrir los «déficit», sino supuestos trabajos de pública utilidad. Nuestras estadísticas nos llenan de poblaciones y rentas, que según la autoridad inexorable de los números, son como «mil», cuando en realidad de verdad son como «cien»; nuestras cuentas públicas demuestran con cifras aritméticas la inversión legal del último centavo de la renta, que la realidad demuestra disipada entre diez explotadores de la patria. Todo el arte de esta aritmética de magia descansa en una mera concesión: en que el número 2, por ejemplo, se haga pasar por número 4 y el 4 por 14. Con esta simple precaución, la lengua de los números viene a ser, la lengua de la mentira histórica, sin dejar de ser la lengua de la verdad matemática.»

Preocupada tristemente Luz del Día, deja en silencio proseguir a Tartufo, para ver hasta dónde lleva la inmoralidad del sofisma.

XXI. Peligros de la Verdad en América

—Para ser, parecer y poder decir la verdad en esta América, se necesita del poder de un soberano, es decir, disponer de miles de soldados y de millones de pesos. Pero lo primero que necesita el que posee estas cosas es callar la verdad, porque no debe su adquisición sino a la mentira, y solo la mentira podrá asegurarle su conservación. De aquí es que la verdad en América es completamente inútil y estéril aun en los casos en que deja de ser un peligro. El resultado natural de esto es que nadie la estudia, nadie la busca, nadie la quiere y todos la evitan como causa de antipatía, de pobreza, de aislamiento y de inferioridad. Representada por la verdad de convención, que es hecha al paladar de cada uno, la verdad original no queda sino para servir al fin odioso de dañar a la verdad que agrada, aunque esta sea mentira. Esta ley de las cosas de estos países, que es más antigua que su moderno régimen, les ha dado un molde tan lejano y distante de la forma normal y natural, que la verdad no puede abrir sus labios sino para criticar, humillar, desacreditar, entristecer, ofender la manera de ser de todos y de todo. Del filósofo al verdugo, la diferencia ha venido a ser muy pequeña, pues el verdugo no deja de ser odioso porque su oficio sea el de ejecutar la justicia que protege a todos contra el asesino y el ladrón, que a todos dañan.

—No es menos triste y desconsolador para mí —dice Luz del Día— lo que Tartufo me revela. ¿Qué hacer en mi caso? ¿reemigrar? ¿suicidarme? ¿hacerme matar para redimir con mi sangre la verdadera verdad, a quien pertenece el gobierno del nuevo mundo?

—Todo eso es exagerado y excesivo —dice Tartufo—. La verdad tiene un camino de ser útil y poderosa; es el de la discreción y la prudencia. Ella debe administrarse a los hombres, imperfectos por naturaleza, como se administran los venenos medicales a los enfermos, por dosis homeopáticas.

—¡Y curando el vicio con el vicio! ¡la mentira con la mentira! —agregó Luz del Día con indignada ironía—; encargando a Tartufo del castigo de Tartufo.

—Sin pretender aplicar a la política la teoría de Hahnemann, yo creo que la mentira bien administrada puede ser útil a la verdad misma —dice Tartufo.

Luz del Día soltando una explosión de risa furiosa y sarcástica: —¿Qué se entiende —pregunta— por «administrar bien la mentira»?

—Mezclada con la verdad en buena proporción.

—¿En qué proporción? —pregunta sardónicamente Luz del Día.

—Eso depende de la materia de que se trata, y de la capacidad de las gentes a quienes se dirige. Lo común de los hombres no pueden digerir más de un grano de verdad, mezclado con diez granos de mentira, desleído el todo en un litro del agua de mi retórica, que no es ni verdad ni mentira sino viento y ruido armonioso.

XXII. Basilio en América

«Por lo demás, prosigue Tartufo más bien que por el método homeopático, la mentira debe ser administrada por el método alopático en materia de crédito y finanzas, que son los de mi especialidad.

»Así como los periodistas hacen la luz con sombras, a ejemplo de los pintores, así los financistas hacen el crédito con el descrédito y la difamación. Este medio de crédito es rápido y ahorrativo de trabajo. Por ejemplo, un hombre o una casa de comercio disfruta de un crédito gigante, que debe a cincuenta años de laboriosidad y exactitud. Para nivelarse con él sin tanta pena ni espera se le solivia y abate de un golpe por la palanca de Basilio, más eficaz que la de Arquímedes, a saber, la calumnia.»

—Es el método de los ladrones —le interrumpe Luz del Día—, que en un segundo adquieren una fortuna sin trabajar con solo sustraerla al que la debe a cincuenta años de laboriosidad.

—Puede haber alguna analogía con el robo —dice Tartufo—, pero, en fin, yo estoy hablando de crédito, y no hay duda que el descrédito es el medio de formarlo. Se acredita su propia mercancía, desacreditando la mercancía rival; se acredita el nombre de su propia casa, desacreditando el nombre de la casa concurrente. Para aumentar el crédito de un gobierno, se desacredita el gobierno antagonista. Este método es el más usado y cómodo de todos, a no dudarlo. Es complicado y vasto, forma una rama principal de la ciencia del crédito, y su maestro y representante más completo es «Basilio de Sevilla», que pasa por italiano. Basilio es un arquitecto cuyo arte de edificar es negativo; él forma el terreno, deshaciéndolo como los ratones y como los mineros. Respetando el código civil y los títulos de propiedad, Basilio parte siempre de un hecho autorizado. Siendo un hecho, dice él, que los títulos asignan a toda propiedad tantos metros de frente y tantos de fondo, sin decir nunca tantos metros de altura y tantos de profundidad, claro es, según esto, que se puede edificar arriba y abajo de la casa de otro propietario cualquiera sin tocar a su derecho de propiedad. Por este medio, con solo tomar el terreno para su edificio, debajo del terreno del edificio rival, se le deja en el aire y sin base alguna, es decir, se le derriba y reemplaza sin salir de la ley. Para Basilio, como todas las reputaciones son usurpadas, la calumnia viene a ser una especie de revindicación moral. Y como él profesa también que la propiedad es el robo, el robo según él es la propiedad bien entendida y bien adquirida. Para él, la propiedad solo está en la superficie de la tierra y de las cosas: el comunismo está en el fondo y en la atmósfera.

—Pero esa es doctrina de Tartufo —observó Luz del Día—, no solamente de Basilio.

—Es que nosotros profesamos la comunidad de ciertas doctrinas.

—¿Quiénes son «nosotros»?

—«Basilio, Gil Blas, yo» y tanto otros compañeros de colonización latina en América. Así, Basilio es mi brazo derecho en cosas de crédito. El me sirve con su máquina favorita, la calumnia, que ha perfeccionado y puesto a la altura de todos los progresos mecánicos de este siglo. La prensa periódica, puesta al servicio de su máquina, es la bóveda en que se dilata al infinito en oscilaciones concéntricas, la menor insinuación, que Basilio cuida de verter al oído de uno de sus redactores. La prensa es el cañón Krupp de Basilio. En otro tiempo calumniaba en secreto, hoy calumnia a la luz del mediodía.

—Observo que Tartufo conoce a Basilio como a su hijo.

—Somos amigos y a menudo colaboradores. Me ayuda en finanzas y en política —dice Tartufo.

—¿Y en cosas de religión?...

—No, ya no se ocupa de eso. Como Tartufo, ha cambiado de traje y de ocupaciones.

—¡Cómo! ¿Basilio trabaja con Tartufo y es al mismo tiempo «liberal»? —pregunta asombrada Luz del Día.

—Basilio está con todos; su estado es no tener color o más bien tenerlos todos. No es un hombre, es un arma, una herramienta, una llave maestra. Se encarga a la vez de acreditar y desacreditar al mismo hombre. Se ocupa de empréstitos, y como el no hacerlos le es más fácil que hacerlos, se hace pagar un tanto por ciento por el rival de su comitente, para frustrar el empréstito confiado a su lealtad.

—¿Qué dice Tartufo de esa conducta? ¿qué piensa de Basilio? —pregunta Luz del Día.

—Lo que todos piensan aquí, que es un excelente sujeto, amable, servicial, buen amigo, juicioso, siempre de buen humor, enemigo de disputar, jamás contradice a nadie.

XXIII. Ocupaciones y recursos de Basilio

—Debe ser fácil ver a Basilio —dice Luz del Día—, si es tan popular. Yo tendría curiosidad de conocerlo de vista. ¿Qué lugares frecuenta, dónde se le ve?

—No se le ve, porque su vida es subterránea y nocturna, vive en la sociedad de sus obreros favoritos, gentes de «pro» todos ellos, que nada deben a la justicia criminal por haber cancelado cuentas con ella. Su mundo se compone también de escribientes de hombres políticos, para descubrir sus trabajos secretos; de copistas y calígrafos de oficio, de intérpretes de lenguas, de profesores de idiomas a domicilio, de maestros de música, de clérigos perdidos, y beatas que han sido mundanas; de mujeres públicas, agentes preciosos de pesquisa en manos de Basilio, que las moraliza y adiestra en ese ramo; de cómicos y cómicas. El teatro ha llegado a ser una máquina política y social en este siglo, como era el convento en mi tiempo, sobre todo el teatro lírico, por ser favorito del gran mundo, que no solamente lo frecuenta por fuera, sino también entre bastidores. Sus cantores son el ornamento obligado de la corte y de la alta sociedad, adonde llevan sus virtudes. El teatro produce condesas y marquesas y aun princesas, (jamás condes, ni marqueses, ni príncipes); produce también «libertadores», como el que mató a Lincoln, diciendo «Sic semper tyrannis», aunque fuese para mantener la esclavitud de cuatro millones de negros. El liberalismo de Basilio no riñe con la esclavitud de sus semejantes en las dos Américas.

«Así, su vida modesta, pasada entre ese mundo de trabajadores, no lo hace estar sin conexiones en el gran mundo; todo lo contrario: este último es su punto de mira, como en todas las industrias; no para entrar en él, sino para expender en él su mercancía. El obrero habita la oscuridad, pero él hace los uniformes dorados con que el diplomático y el ministro brillan en la corte. Basilio habita las cloacas, pero desde allí hace los diplomáticos que intrigan en la corte; hace los académicos, los ministros, los diputados, los presidentes, al favor de sus recursos y medios de influencia inagotables.

»Los ministros hechos por Basilio, fieles a su bienhechor, emplean los servicios de éste para conservar su puesto, como lo emplearon para ganarlo; y Basilio tiene un cliente, de quien recibe dos utilidades, una por venderle los secretos arrancados a sus adversarios, y otra por vender los secretos de su cliente a sus adversarios. Así, preguntar ¿con qué objeto Basilio, que no es americano, se mezcla en política americana?, es como preguntar con qué derecho un armero inglés hace fusiles, que sirven en las guerras americanas; con qué objeto un zapatero hace zapatos. Para vivir del producto de su manufactura.»

—Pero en algún lugar, en alguna forma ha de ser posible y ver y palpar esa abstracción, ese mito que se llama Basilio —observa Luz del Día.

—¿Quiere Luz del Día comer en sociedad con Basilio, guardando su recíproco incógnito y sin presentación mutua? Yo puedo procurarla este encuentro en mi mesa cuando guste —dice Tartufo.

—Yo temo —objeta Luz del Día— que esa especie de traición hecha a Basilio, se la indemnice Tartufo haciéndome otra a mí misma; es decir revelándole quien soy.

—¿Quiere entonces Luz del Día, estarse escondida en el cuarto inmediato al comedor, para verlo por una puerta entreabierta, y escuchar su conversación ingenua? Basilio en ningún caso podría criticarme este proceder, que él mismo acostumbra observar a menudo; es su modo habitual de hacerse presentar. La costumbre del teatro lo inclina a hacer de la vida una comedia. De ese modo él ve sin ser visto; conoce sin hacerse conocer, y puede hasta matar a su víctima so pretexto de darle un socorro.

Luz del Día, no acepta este expediente, pero admite el de comer con Basilio aun a riesgo de hacerse conocer de él: tal es su anhelo de estudiar y saber.

XXIV. Basilio y Luz del Día

El día de la comida, según su costumbre llegó Basilio una hora antes de la señalada. Como era natural no había persona alguna en casa, ni huésped ni convidados. Era lo que Basilio buscaba. Se dirigió desde luego a la cocina, cambió chistes y jocosidades con los cocineros, preguntó qué platos había para comer, hizo algunas recomendaciones, encargó «ex profeso» uno o dos platos más, de que él era aficionado, pidió un poco de caldo por de pronto y lo tomó de pie en la cocina misma, porque dijo haberse debilitado mucho en una conferencia confidencial, en que venía de hablar cuatro horas. Preguntó quiénes eran los invitados. La respuesta negativa lo desconcertó mucho, porque éste era uno de los puntos principales de su visita precoz a la cocina.

Basilio es, en su exterior, una caricatura de Fígaro. Ha hecho sus estudios de mundo y de política en el «Barbero de Sevilla». Es su «Quinto Curcio». Ha tomado a Fígaro su cinismo, su codicia, su egoísmo, su espíritu inquisidor, su falsedad, todo, menos dos cosas, su chiste y su liberalismo real aunque libertino, sin lo cual un Fígaro es una posma insoportable. En este punto, Basilio conserva la pasta espesa y grosera del monigote; se conoce que ha sido educado en los refectorios, y sus pretensiones de imitar la frivolidad elegante de Fígaro, son una verdadera caricatura.

Han llamado a la puerta. Basilio ha oído al sirviente regresado en seguida de recibir, decir que es una dama que busca al señor Tartufo, y ha solicitado esperarle en el salón, donde se encuentra sola.

—¡Una dama! ¿y sola, en el salón? —pregunta Basilio, lanzándose al salón, sin oír más palabras ni detenerse en nada.

El aire decente y austero de Luz del Día, sujetó un poco la insolente desenvoltura con que Basilio se presentó ante ella. Pero él es un «Ulano» por su coraje... para con el sexo débil. No bien la saludó, cuando la preguntó quién era ella, si era soltera o casada, si tenía hijos, con qué objeto buscaba a Tartufo, si él la había llamado a su casa y diez otras preguntas.

Luz del Día estaba lejos de sospechar con quién hablaba, porque no podía dejar su costumbre de imaginar a Basilio vestido de clérigo español, beato y compungido. Sin embargo, la audacia de sus preguntas impertinentes, la casa, el día, la hora de su encuentro, y el recuerdo del disfraz en que había descubierto a Tartufo, la dio cierta idea de que el sujeto con quien se las había, podía no ser otro que el mismo Basilio.

La entrada de Tartufo y la manera de abordarse los dos, no la dejó sobre ello la menor duda; pero conservó el más gran disimulo a su respecto.

Basilio se mostró en extremo contento, cuando supo que aquella dama era la persona invitada para comer con ellos, la cual le fue presentada como una señorita inmigrada de Europa, en busca de una posición en América. El campo es vasto, se dijo Basilio para sí mismo, pensando en el partido que podía sacar para sus inagotables intrigas, de aquella hermosa extranjera que tenía todo el aire de una rústica dócil y amoldable a todos sus designios.

Para el que tenga presente el objeto y condiciones en que esta comida tenía lugar no parecerá extraño el que Basilio hable siempre, y que Luz del Día no haga sino callar, escuchar y aprender. Y como ése es su papel en la vida (como el de Basilio es de mentir), no le costará desempeñarlo.

Pero lo cómico del caso es la pretensión de Basilio de pasar allí como la Verdad en persona, no solo ante los otros, sino lo que es más cómico ante sí mismo. La presunción del vicio, de creerse ingenuamente la moral personificada es mil veces más común en la vida que la presunción del mérito. El criminal es vano de sus hazañas, porque a los ojos de su conciencia miope, desnuda de educación moral, sus crímenes son actos heroicos. La vanidad es compatible con todos los extravíos del corazón y del espíritu.

Para complemento de la comedia, Basilio veía en Luz del Día la personificación de la mentira en su calidad de mujer y en su papel de emigrada o judía errante. Pero es en esta calidad, que él la estimaba como un auxiliar posible y precioso de sus negras empresas; de modo que lejos de perder de su importancia por su sospechada calidad de embustera, Luz del Día conquistaba a Basilio, no por ser la Verdad, sino por parecer la Mentira.

Ya esto solo era una lección de vida práctica para la estudiosa peregrina. El hecho es que Basilio trató a Luz del Día sin recelo y con cierto aire de protección.

XXV. Comida de Basilio y Luz del Día en casa de Tartufo

Sentados a la mesa, Tartufo, que por su estado conocía los usos del mundo, tomó su papel de dueño de casa, eclipsándose y dejando toda la iniciativa a sus convidados. Y Basilio que en calidad de Tartufo de cocina o de «misa y olla», no era fuerte en bellos modales, tomó la palabra y no la dejó hasta el fin de la comida. Por fortuna era lo que se deseaba de él. Inútil es decir que el hablar de continuo, no le impedía comer sin interrupción. Entre plato y plato se comía un pan tras otro, pero nunca dejaba de comer y hablar a un mismo tiempo. No necesitó Tartufo, que ya le conocía, recomendar a sus criados que no le escasearan los vinos, pues que el mismo Basilio cuidó de prodigárselos a sí propio, lo cual no podía perjudicar a la jovialidad de la reunión, y al designio de Luz del Día, que era el de ver toda entera la persona moral de Basilio.

No por una idea de civilidad, sino por un cálculo de interés propio, Basilio contrajo su conversación a todo lo qué él presumía que podía ser agradable ó interesante a Luz del Día, para su proyecto de encontrar una colocación en América.

Desde el principio se empeñó en persuadir a Luz del Día que su problema de establecerse en América debía visar dos condiciones: hacer la más grande fortuna posible y hacerla en el más corto tiempo. Y que las bases de su solución debían ser, su juventud y su hermosura de mujer; pues el trabajo propiamente dicho, es estéril para la mujer en América.

Basilio tuvo la modestia de cumplimentar a Luz del Día por haber conocido desde los primeros días de su llegada a América al hombre más capaz de serla útil en la mira que la había traído de Europa. Poco faltó a Luz del Día para soltar la risa.

El se jactó de haber hecho ganar fortunas, posiciones, honores, a infinitos de sus protegidos de ambos sexos; y tanto y tanto se jactó de su importancia, que Luz del Día le preguntó, si tenía el honor de escuchar a un gran canciller, o a un ministro de Estado.

—Soy más que eso, en algún modo —contestó él, ya excitado por el vino.

—¿Un presidente? ¿Un jefe supremo del Estado?

—Tanto como eso, en ciertos respectos.

—¿Cuáles, por ejemplo? —preguntó Luz del Día.

—Si yo no soy ministro, yo hago los ministros, o los hago hacer, que viene a ser lo mismo; y no solo los hago, sino que los sostengo; y no solo los sostengo, sino que los derribo cuando me conviene o cuando no me sirven. Yo no soy canciller, pero hago los cancilleres o los hago hacer facilitándoles la tarea de sus conquistas, que motivan su elevación. Del mismo modo hago o hago nacer los generales, abriéndoles las puertas de las plazas enemigas por mis amistades con estos últimos.

—¿Por sus amistades?

—Sí; porque la amistad, es en mí, un medio de guerra.

—¿Todos sus medios de hostilizar, son los mismos que sirven a otros para hacer el bien?

—Mis medios, señora, son mi secreto, y mi secreto consiste más que en los medios mismos; en la manera de emplearlos. Los medios son conocidos y comunes; la manera de emplearlos es invención, que me pertenece. La amistad, v.g.: en manos vulgares, es una afección benevolente; en las mías es, al contrario, una arma de guerra. Yo me sirvo de la amistad para destruir, del amor para sacrificar, de los besos para envenenar, de mis abrazos para reventar a un hombre en forma de cariño, de las dádivas para empobrecer a los agraciados, de los honores para deshonrar —dice Basilio.

—Basta —dice Luz del Día...— y naturalmente usted se servirá del odio, de la calumnia, del asesinato, del robo para hacer el bien y la felicidad de los demás, ¿no es verdad?

—No se ría usted, señora —dice Basilio— porque usted habla como si fuese la Verdad misma.

XXVI. Obras de Basilio en América

—¿Cuáles son por fin, pregunta Luz del Día, las obras de usted en este país? Si son grandes y útiles deben ser públicas y conocidas de todos. Deben estar a la vista.

—Pues no es así: son monumentos invisibles. Yo sirvo a estos países, en la persona de sus gobiernos, de sus oposiciones, de todos sus partidos y hasta de sus enemigos extranjeros, por trabajos subterráneos.

—¿Como cloacas, letrinas y sepulturas? —pregunta Luz del Día.

—Los nombres nada valen ni significan, señora mía —dice Basilio— para el hombre positivo; y los que se pagan de nombres, son gentes al agua en este mundo de realidades.

—¿Cuál es por fin, la profesión de usted, en cuyos trabajos mi cooperación podría ser tan útil para mí, como para usted y para el país, según usted dice?

—¿Quiere usted que se la explique por una sola palabra, que disuena al oído; pero que es todo lo contrario de lo que suena? Mi profesión, es la calumnia.

—¡La calumnia! Pero la calumnia es el crimen como quiera que se presente; y el crimen no puede ser la profesión de nadie, que no sea un bandido: ¡Usted se chancea!

—Ahí está la equivocación general —observa Basilio—. En moral como en pintura todo depende del punto de vista. Yo no hablo de la calumnia mala, de que se sirve el vulgo; yo hablo de mi calumnia especial, que es la calumnia buena, calumnia de civilización y de progreso. Y si no, pregunte usted al señor Tartufo ¿si no es verdad, que hay también una calumnia de religión y de virtud, como le han enseñado algunos doctores de su orden?

—Soy yo —dice Tartufo— el que llama al «orden» a mi amable interpelante. Si Tartufo alguna vez fue de cierta orden en religión; ahora no lo es más que en política y finanzas.

—Pues bien —dice Basilio—, de esto cabalmente se trata. Yo practico la calumnia de buena fe, en materia de política y finanza como le consta al señor Tartufo, a quien le he ayudado en tantos de sus trabajos. Y usted no podrá poner en duda la honestidad y la respetabilidad del caballero que nos honra con su hospitalidad —dice Basilio a Luz del Día.

—Pero ¿puede un extranjero —pregunta Luz del Día— ocuparse de la política de estos países, sin dejar de ser extranjero?

—Ciertamente que sí —responde Basilio.

—No comprendo cómo un italiano o un francés, que no ha dejado de ser francés o italiano, pueda ser patriota de una patria que no es la suya —dice Luz del Día.

—¿Y por qué no? Ya se sabe que es un patriotismo de empresa industrial, pero tan legítima como cualquiera otra. Es como el patriotismo de barrio, de fábrica, de saladero, de estancia. Si yo tengo una fábrica de tejas v.g.; que me da grandes beneficios, mi fábrica es mi patria, donde quiera que ella esté. Yo conozco ingleses y franceses furiosamente americanos, que en su vida han conocido el nuevo mundo. ¿Cómo se explica esto? Es que aquí ganan la fortuna, con que viven en Europa.

«Si mañana el emperador de la China me encargase algún trabajo de utilidad para su gobierno; v.g.: hacer suprimir a algún chino turbulento, ¿quién me negaría mi derecho de desempeñar ese acto de patriotismo chino? ¿Quién me negaría mi patriotismo chino, si yo lo hubiese probado, desembarazando al Celeste imperio de un mal chino? ¿es decir de un chino enemigo de su gobierno?

»Entre hacer suprimir hombres por vía de industria, y hacer matar vacas por la misma razón industrial, yo no veo la diferencia, porque al fin, vidas son unas y otras, y sangre es la una como la otra. Para las vacas, más cruel debe parecerles la muerte de las vacas que la de los hombres. ¿Por qué razón no es un pecado ni un delito el quitar la vida a un buey? Porque no se le mata por hacerle mal; sino al contrario, con la mejor buena fe. "¡El vulgo —concluye Basilio— cree que todo lo ha dicho, cuando ha llenado su boca con la gran palabra, 'crimen'!"

»Bien sabemos lo que es crimen. Según todos los criminalistas modernos, el crimen reside en la intención. Cuando la intención es mala, naturalmente el acto de suprimir o robar a un hombre, es un crimen. Pero cuando se le destruye con la mejor intención y sin mira alguna de dañarle, el homicidio y el robo son actos de comercio. El que incendia para civilizar, para servir al progreso, no comete crímenes, sino actos beneméritos.»

Luz del Día bajó los ojos y se puso pálida al oír ese lenguaje. Basilio lo notó, y dijo en voz baja a Tartufo:

—Yo creo que el vino ha hecho mal a esta señora.

—Pero ¿quién confesaría su mala intención? —pregunta Luz del Día.

—Es que hay un medio seguro de distinguir la buena intención de la mala —dice Basilio—. Por regla general toda intención es buena, cuando el hecho tiene un objeto político o industrial, porque la industria y la política son incompatibles con el crimen; quiero decir, que no es crimen el que se comete con una mira política. Por mejor decir, no hay crimen político, como no hay crimen judicial; y un ministro puede matar como un juez puede hacerlo, sin ser un criminal. Estas son máximas en que estamos de acuerdo todos los liberales de nuestro tiempo.

«De modo que se puede anular todo el código criminal —prosigue Basilio— y convertirlo en código de virtudes y de premios, con solo añadir a cada crimen el adjetivo, político. El robo político, no es robo, el asesinato político no es asesinato. El ladrón político de llaves, de papeles, de cartas, y de todo lo que interesa a la política, aunque sean escrituras y billetes de banco, puede ser un caballero muchas veces condecorado, muy lejos de ser un ladrón, ordinario y vulgar. Es cuanto más el buen ladrón, crucificado al lado izquierdo de Jesús.»

XXVII. Moral de Basilio

«Pero entendámonos —prosigue Basilio (sin dejar de comer y beber continuamente)—, aunque el homicidio no sea un asesinato cuando es hecho con buena intención, no bastará que su mero fin político sea la prueba de esa buena fe; importa esencialmente ocultar la mira política con dos objetos: 1° prevenir discusiones impertinentes entre los partidos políticos, y 2° asegurar al patriota ejecutor del crimen legal contra toda represalia o castigo vengativo.

»Esto es lo que no saben las gentes ignorantes en estas cosas, siempre complicadas y arduas para su preparación, plan y debida ejecución —dice Basilio—. De la ignorancia de las reglas sale esa multitud de asesinos bruscos e indiscretos, que matan de frente, para pasar por la vergüenza de ser ajusticiados como verdaderos asesinos, cuando en realidad no tuvieron más crimen que su inhabilidad en la ejecución.

»El arte de evitar estas vergüenzas, para el que practica la industria del exterminio político, consiste en dar al atentado como motivo aparente, una venganza privada de carácter moral. Esta moralidad aparente del matador, es su pararrayos contra la justicia penal. Es preciso que se presente a los ojos del público, como el castigo condigno de un vicio, infligido por una noble violencia de la víctima del vicioso.»

—Muy finas, muy hábiles pueden ser todas esas reglas —observa Luz del Día—, pero como la verdad nunca deja de salir a luz, es de esperar que ellas no sirvan sino para postergar el castigo del asesino.

—Ese peligro sería muy real y evidente en ciertos casos —responde Basilio—, pero no cuando los jueces y fiscales son los más interesados en los resultados que ha producido el golpe.

—¿Pero esto es posible, es concebible siquiera? —pregunta asombrada Luz del Día.

—¿Qué quiere usted que haga un juez mantenido en su empleo por el Gobierno a quien sostiene juzgando los casos litigiosos como conviene a la estabilidad del Gobierno y del juez? Hay casos en que la justicia recta es un suicidio, y los jueces son demasiado cristianos para incurrir en esa tentación.

—Pero cuando el Gobierno es perjudicado por el asesinato, que ha tenido lugar, ¿qué valdría su excusa política al asesino? —pregunta Luz del Día.

—Tal hipótesis no es admisible —dice Basilio—. Como no es realmente político sino el asesinato que sirve al Gobierno, es decir al jefe político del país, no puede presumirse que los jueces tengan interés en ajusticiar al servidor del Gobierno, por cuyo favor ellos son jueces. Y sobre todo, por mi parte yo no admito encargos de ese género, sino por cuenta de los gobiernos, y del más fuerte cuando los gobiernos son dos y están encontrados.

«Mis razones para ello son numerosas y excelentes; pagan bien, me ofrecen la seguridad de que no seré colgado aun en el caso de que se sospeche o se descubra que yo he organizado y conducido el negocio; y además de la paga, estoy seguro de tener premios, tal vez condecoraciones, grados militares, un empleo en la judicatura, pero sobre todo la comisión de otros y otros negocios del mismo género.

»Así, usted ve que se puede llamar un verdadero oficio de vivir, el de hacer que otros dejen de vivir. Y si la señora Luz del Día quiere tener parte en mis empresas, yo la respondo que pronto tendría riquezas, rango y adoradores... No sería imposible que llegara a obtener la mano de un magistrado.»

—Pero ¿qué parte puede tomar una débil y pobre mujer en negocios tan arduos y tan complicados como el mismo señor Basilio lo reconoce?

—¿Qué parte? La principal, la más brillante, la más decisiva —dice Basilio.

«Un ejemplo voy a proponer en hipótesis, para demostrarla lo que digo.

»Suponga usted que me encargo de suprimir a uno de esos hombres peligrosos y funestos, que se erigen en obstáculo de un Gobierno, es decir, a uno de esos famosos culpables del crimen de no pensar como su Gobierno. ¿Lo haré suprimir por una puñalada dada por la espalda al doblar una esquina? Sería deificarlo, resucitarlo a la historia, hacerle su apoteosis de víctima ilustre; en una palabra, sería una torpeza de mi parte, y merecería el deshonor de no recibir otra comisión semejante. ¿Qué haré en vez de esto? Le haré desaparecer en casa de una mujer, que, con razón o no, pase por su concubina. Para preparar el caso, haré difundir en la opinión, que esa mujer es su concubina, aunque no lo sea. Haré que el hombre joven a quien yo delegue el cuidado de dar el golpe, haga la corte de antemano a esa mujer, y cuidaré de que pase en la opinión por su amante de corazón. ¿Qué sucederá cuando haya dado el golpe? Que el matador a quien la justicia no dejará de tomar, porque él mismo cuidará de hacerse tomar para salvarse, será considerado como la víctima simpática de una pasión de celos, y se conseguirá de este modo otras ventajas más, a saber: la denigración del sujeto asesinado, por un proceso público, y la impunidad del asesino al favor de una gran circunstancia atenuante. Es preciso que el ejecutor sea procesado, porque sin el proceso no hay publicidad ni difamación completa. En tiempos de libertad, el juez y el fiscal son los mejores instrumentos de difamación. Su difamación es oficial y auténtica. De este modo se consigue el doble resultado de matar al hombre-obstáculo, y de matar su honor y su memoria después de muerto para que no pueda defenderse. ¿No es una victoria que hace honor a la estrategia del general? Sus soldados habrán sido la mujer, el joven y el juez; el uno voluntario y los otros dos conscritos e involuntarios.

»Ahora, si la señora Luz del Día quiere entrar como voluntaria en una campaña semejante, la empresa tendría un éxito más fácil y brillante.»

—Como conscrito, es decir como asesino involuntario (como lo general de los soldados) ya sería bastante desgracia para mí verme empeñada en tal empresa. Como voluntaria, no sé cómo explicarme la simple insinuación del «caballero», que come con nosotros... —dice con voz cortada Luz del Día.

La explicación, por tanto, era muy simple. La frecuencia de las libaciones, había destornillado un poco la razón de don Basilio, y como nadie le había interrumpido con objeciones ni protestas, ni podía esperarlo de ninguna persona admitida a la sociedad del señor Tartufo, Basilio llegó a olvidarse que conversaba con desconocidos, y creyó más bien, que discutía un plan de campaña y un proyecto de empresa destinado a ejecutarse.

La prueba de esto estaba en lo que continuó diciendo:

XXVIII. Terribles recursos de Basilio

—Supongamos ahora otro ejemplo más elevado para que esta señora vea todo lo que en este ramo se puede conseguir en el mundo por conducto de las personas más débiles, más honestas y más simpáticas.

«Supongamos que el hombre llamado a ser suprimido es un enemigo público, un obstáculo internacional, el jefe de un partido político, de una provincia o de una nación enemiga. ¿Cómo hacer para suprimirle, cuando su vigilancia le hace inaccesible, y cuando en esta vigilancia toman parte todos sus amigos y todos sus soldados y funcionarios; cuando esos amigos y centinelas son todo el país que lo sostiene, porque lo quiere? Este es el problema que jamás ha resistido a los recursos de mi estrategia. Mi secreto reside en el conocimiento que tengo del punto vulnerable de todo hombre superior. Puedo decirlo aquí, en el secreto que nosotros tres nos debemos como amigos de Tartufo. Pero antes de exponerlo, debo pedirle a él perdón para jactarme en su presencia, de un secreto que se debe a la compañía ilustre de que fue su miembro regular en Europa. Ya se deja ver que quiero hablar de la familia, como máquina de guerra, y del arte de hacerla servir contra sí misma.

»En la plaza más inexpugnable, en el corazón del partido más compacto y celoso, el jefe más poderoso habita siempre una casa, en lo íntimo de la cual no hay soldados, ni policía, ni sospechas, ni precauciones, ni defensas, por la razón natural, que allí no hay enemigos, ni antagonismos de interés, ni la posibilidad natural de que estas cosas existan, porque esa casa y ese grupo son la familia, institución en que reposa la salud de la sociedad. Pues bien, esa familia es mi ejército de vanguardia, o por mejor decir, de reserva, porque es el último a que se acude. Un ejército de amor y de honor como ése, no se gana por el odio ni por el oro. Se gana por el honor mismo, como se corta el diamante con el diamante, y por incentivos del género del que los tiene tan apegados al jefe de la casa. Estos incentivos son conocidos por todo el que sabe dónde están las articulaciones y coyunturas que ningún vínculo de familia deja de tener, y sabe también cuál es el instrumento a que cada conyuntura nunca deja de ceder. Vuelvo a pedir perdón a Tartufo; en este punto, yo he perfeccionado los procederes de su escuela, por la adición de mi arma favorita, la calumnia, que, agregada a la felonía, es como la aguja añadida al fusil fulminante. Por más que un hijo o un hermano guste de que su padre o su hermano posea un trono, más gustaría de poseerlo él mismo. Por más que un hermano o un hijo goce de ver una gran fortuna en manos de su padre o de su hermano, más gozo tendría en ser él mismo su poseedor. Una hermana puede amar mucho a su hermano, pero difícilmente dejará de amar más al hombre con quien puede partir su lecho. Estos arranques de la naturaleza, son mangos de que una mano hábil se apodera para remover al hombre-obstáculo de las aspiraciones ambiciosas de sus íntimos.

»Si el tirano o el malvado (como se llama siempre al hombre-obstáculo) llega a ser suprimido por los suyos propios con la prometida alianza de sus enemigos, se consigue el objeto deseado, junto con otro no menos importante, que consiste en la ignominia del que es destruido por los suyos propios; pues esto es como la razón dada a los enemigos del caído, por sus mejores jueces, que son los de su familia propia.

»Si, en lugar de sucumbir, el tirano descubre la conspiración doméstica y mata a los que intentaban matarle, tanto mejor en este caso pues se puede decir que se mata él mismo moralmente, pasando ante la opinión por un parricida, lo cual es también una especie de razón dada a sus enemigos. Al parricida, ¿quién no tiene derecho de hostilizar? Al que puede ser un parricida, ¿quién le creerá incapaz de ser un monstruo de tiranía? El que mata a los suyos, ¿a quién no será capaz de matar? Estos razonamientos que se forman naturalmente en todas las cabezas, se condensan como una nube negra de la cual se desprende el rayo, que hace pedazos al que parecía inaccesible a los ejércitos más fuertes. Cuando se ha muerto el honor y el concepto moral de un hombre, lo que queda de él es un cadáver andante. El que lo entierra es un servidor de ese mismo hombre y de la humanidad. Y ¿quién es el servidor en ambos casos? ¿La familia que conspiró o que fue víctima? No, el fusil de aguja de Basilio, la calumnia.

»Lo dice él mismo con la cara llena de esa jactancia de Troppmann, desenfrenada en este caso por la excitación del vino, hasta el grado del «delirium tremens.»

XXIX. Moral del espionaje explicada por Tartufo

Con la conversación entusiasta, Basilio ha olvidado de contar las copas de vino que se ha servido él mismo, sin esperar a que los criados se las ofrezcan; excusa que conviene no olvidar en favor de Tartufo y su casa. Cediendo a una especie de delirio de perversidad y de gula, la boca de Basilio vomita estas máximas mezcladas con eructos vinosos y sanchescos del olor más infecto:

—Yo parto —dice— de estos principios confirmados por la experiencia de cada día. Nuestros traidores naturalmente son los de nuestra intimidad. El que está fuera de nuestra afección, no puede traicionarnos, como no puede abrir nuestras puertas el que está en la calle, fuera de nuestra casa, sin tener sus llaves.

«Nuestros espías naturales son nuestros amigos, continúa Basilio, por la sencilla razón de que solo ellos tienen acceso a nuestras intimidades que se desea poseer, para hacernos la guerra. No confiamos nuestros secretos a los desconocidos, y mucho menos a los adversarios. El amigo íntimo es el cajero y depositario obligado de este tesoro. Los hombres superiores son vanos; y la vanidad no conoce la reserva. Cuando no son indiscretos, son confiados; y confiar su secreto, es traicionarse a sí mismo. ¿Qué extraño es que el amigo descuide un secreto, que no es suyo, cuando nosotros mismos lo hemos descuidado siendo nuestro? Lo que digo de los amigos, lo digo con doble razón de la familia, en materia de secretos y espionaje; y lo que he dicho de la familia, en materia de conspiraciones, lo digo con doble razón de los amigos. Por las reglas de mi arte, se consigue matar al padre con los avisos y datos, que ha dado su hijo, sin saberlo, y "viceversa"; suprimir al marido, al favor de los secretos arrancados al candor de su mujer y de sus hijos; perder al amigo por datos arrancados a la indiscreción o confianza del amigo. Los mejores espías son los espías inconscientes, y esos son generalmente los amigos y parientes más cercanos.»

—Esos, al menos —observa Luz del Día— son ajenos de felonía; pero el espía aleve y doloso, que finge amistad y gana la confinaza, nada más que para robar, al favor de ella, las revelaciones que vende al enemigo de su amigo, es más que el traidor; es peor que el ladrón, es el enemigo más atroz que pueda tener una sociedad bien reglada. Las más veces, es un cómplice de asesinatos y robos, que sin su cooperación, no hubieran podido cometerse. El que tiene la desgracia de caer en manos de un espión semejante, es un hombre a cuyo cuerpo se ha enroscado una víbora, peor que la de cascabel, una víbora sorda, que mata sin ruido.

—Yo creo —observa Tartufo— que la señora se exagera los peligros del espionaje y la maldad de que los espías son capaces. Yo creo conocer esa especie, porque la hemos practicado mucho. Hablo del espía de profesión, que vive de su oficio, ejercido como industria. El espía es como la chinche, como el piojo, un parásito que vive de la sangre de un hombre, a condición naturalmente de que este hombre viva. El parásito en este sentido, tiene cierto interés solidario con su víctima. Es un piojo de razón, que hace lo que haría el piojo irracional si pudiera. Es el hombre en fin que cuida a la vaca misma que él deja sin leche, para alimentarse de ella. El sabe que si no la deja alguna parte, muere el ternero y la madre deja de dar leche. No es compasión, es egoísmo el secreto de la bondad relativa del espía.

«El espía de oficio, que sabe serlo, sacrifica a su víctima cuidándola al mismo tiempo. Por este lado él aparece a los ojos de su víctima como un amigo, y lo es en efecto, pero hasta cierto grado únicamente: de ahí para adelante, es un enemigo. Es un Jano con dos caras, dos corazones, dos almas, dos leyes, dos conductas, y de ahí la dificultad para el espiado de penetrar la ambigüedad de su espía. Y así como el vaquero alimenta ricamente a la vaca para sacarla leche en mayor abundancia, así el espía de oficio redobla sus solicitudes y pruebas de amistad a su víctima, para arrancarla mayor número de secretos. El espía veterano es ameno, cómodo, divertido, comedido, tolerante en extremo, pues aguanta los desdenes como el vaquero las pisadas de su vaca, sin hacer sin gesto ni enfadarse contra el útil animal. Si le cierran la puerta, él entrará por la ventana en busca de su pan. El espía es amigo de toda la familia de su víctima, cariñoso, servicial con cada uno de sus miembros, porque cada uno le sirve de llave o ganzúa para sus pesquisas industriales. A menudo se hace profesor para abrirse todas las puertas, inspirar más confianza, y extender el campo de sus cosechas de secretos ajenos. La educación es cosa santa, que aleja toda sospecha del que hace profesión de darla. Para infundir más confianza, el espía lleva una o dos condecoraciones, que ha ganado por servicios de su oficio: generalmente las condecoraciones son la moneda con que se pagan esos servicios. A menudo las condecoraciones de honor son un signo con que se cubre la ausencia de la cosa, y nadie las necesita más que el hombre deshonrado ante su propia conciencia. El conoce el lado farsista de la vida: él sabe que a un hombre que posea 50 llaves falsas, escaleras de cuerda, colecciones de barrenos, amigos numerosos que hayan hecho sus estudios prácticos en los presidios, no le faltará más que una condecoración de caballero, para hacerse rico y poderoso sin pena ni riesgo.

»Y si a todo esto puede agregar la posesión de una larga familia, tanto mejor para acabar de ganar la confianza de las gentes honestas, y hacer más fáciles, seguras y ricas las adquisiciones de su mercancía, que es el secreto de los otros. Una larga familia no es una carga, como muchos la creen. Es una mina, y cuanto más chicos son los hijos, más abundante y productiva es la mina, para el espía de oficio, que sabe explotarla. Tal familia es un ejército, cuya fuerza está en razón directa de la debilidad de sus soldados. Detrás de ese escuadrón sagrado, el poder del espía es inexpugnable, pues hasta la justicia criminal tiembla de acercarse a sus santas murallas. El espía se siente glorioso de su poder, debido a su papel indigno de padre de familia, pues si ha multiplicado sus hijos sin cálculo lo ha hecho sin escrúpulo, de puro egoísta, indiferente a la suerte de los seres multiplicados por mero placer y sensualismo despiadado, no por otra consideración honesta. La indulgencia por tales seres se tornaría en severidad inexorable, si las gentes reflexionaran que hay una sucesión orgánica de la maldad; que el vicio del alma es heredi-tario como el tipo de la fisonomía, y que un padre educa por su ejemplo, más que por sus consejos y máximas. La reproducción de tales padres, es como la multiplicación de las víboras. Ayudarlo es poblar el país, no de hombres, sino de reptiles destructores, tanto más temibles cuanto que destruyen con la inocencia de las víboras. Todo esto que digo, concluye Tartufo, es relativo al espía de oficio y profesión; que en cuanto al espía de ocasión y casual, como el amigo sincero y el hijo de familia, está es la especialidad de Basilio, y le dejo a él la explanación de sus ideas.»

XXX. La diplomacia, según Basilio

Dirigiéndose a Basilio y viéndole inmóvil, advierten sus compañeros de mesa que se ha quedado dormido, mientras hablaba Tartufo, tal es de sabida para él la materia de su sabio discurso, y tal su incapcidad de prestar atención a lo que otro habla, cuando no tiene interés en recoger sus palabras para venderlas. Fuera de estos casos, él no sabe más que hablar y hablar continuamente y sin cesar; lo que ignora es atender y escuchar.

El silencio que ha sucedido al discurso de Tartufo ha bastado para despertarlo. El silencio le ha parecido la campanilla que le dice: «Basilio tiene la palabra».

Luz del Día observa entonces que la teoría de Basilio sobre la toma de los jefes intomables, por medio de su familia, le parece una mera paradoja, pues las defensas que hacen inaccesible a ese jefe, la hacen también a su familia misma, que está con él. La dificultad para Basilio, no está en saber cómo seducir a los niños y miembros de la familia, sino en cómo llegar hasta ellos para seducirlos.

—¡Bah! —dice Basilio— esto es lo más fácil y traqueado. Por el derecho de gentes cristiano, según el cual todas las naciones forman una familia de hermanos, todos los hermanos se comunican entre sí por ventanas y puertas interiores. Cada uno tiene un pedazo de territorio, situado en el territorio de los otros, por concesión del mismo dueño de casa; y en ese territorio incrustado en territorio ajeno, él es soberano dentro de la soberanía de los otros. Esto es lo que se llama «extraterritorialidad», es decir territorio que está en el territorio sin ser del territorio, o territorio ajeno, situado dentro del nuestro. En este territorio excepcional, reside la legación del soberano extranjero. Como extranjero, ese territorio de la legación, es inviolable para el mismo dueño de casa, es decir para el mismo soberano en cuyo suelo se encuentra situado.

«De este modo se puede decir sin metáfora, que todos los Estados están agujereados; y cada uno tiene tantos agujeros como tiene legaciones acreditadas en él, por cuyo conducto puede entrar el enemigo, hasta la casa misma del soberano, con tal que entre desarmado y con guantes blancos, pues, según dijo uno de los nuestros: "No es un diplomático otra cosa que un enemigo con guantes de cabritilla". Lo mismo pudo decir con "botones amarillos", que con "guantes de cabritilla", el disparate venía a ser el mismo, pues el guante, aunque sea de cabritilla, lejos de disimular la enemistad, es un símbolo de guerra. Arrojar el guante, ¿no es declarar rota la amistad? Pero en fin, él quiso decir con verdad, que el diplomático es siempre un amigo, que encubre un enemigo; o un enemigo en forma de amigo.»

XXXI. Otros recursos estratégicos de Basilio

«Ahora bien, dice Basilio, en este tiempo de fraternidad y de mutualidad, tonto es aquel gobierno que hace su diplomacia por sus diplomáticos propios y no por los diplomáticos ajenos. Sobre todo en los casos de guerra, no hay otro medio, porque lo primero que hace el país que la declara o acepta, es despedir la legación de su beligerante, lo cual equivale a tapar un agujero, pero inútilmente, porque quedan abiertos otros muchos, por donde el beligerante puede entrar con más eficacia y menos responsabilidad, hasta la casa misma del soberano enemigo. El colmo de la astucia diplomática, es valerse de diplomáticos ajenos, que felizmente nunca faltan, cuando las finanzas andan bien. No faltan estados que no pueden costear a sus propios diplomáticos, y que tienen que dejar prudentemente que otros los costeen. Esto ha hecho nacer una especie de agencia, o consignación diplomática, por la cual un solo diplomático tiene muchas legaciones y misiones, o comisiones o consignaciones a su cargo, y todas las desempeña a la vez, cuidando en lo posible de que se estorben las unas a las otras, para hacerse pagar hasta el servicio de remover las dificultades, que él mismo suscita. Es la repetición en la diplomacia de lo que una república célebre nos mostraba en la guerra, en tiempos pasados: como ella daba a "mutuo" sus soldados, otras repúblicas dan hoy a "mutuo" sus diplomáticos. Esta es la mejor prueba de su neutralidad, como los soldados suizos probaban la neutralidad fundamental de su país, tomando parte en todas las batallas ajenas. De un diplomático conocido se puede uno precaver, por disimulado que él sea; pero cuando usted trata con un ministro de la nación A..., creyendo que trata con el de la Nación B... ¿no está usted en manos de su enemigo, creyendo hablar con un aliado?»

La claridad de estas consideraciones no deja duda a Luz del Día, de que el sueñecito echado en la mesa ha despejado mucho la cabeza de Basilio. Pero como no tardará en renovar sus libaciones con vinos más capitosos, al fin de la comida su verbosidad genial y turbulenta no tardará en reaparecer.

XXXII. Otros medios secretos de Basilio

—Usted ha dicho —habla Luz del Día— que usted hace y deshace ministros diplomáticos, y que usted los conserva en sus puestos y los derroca cuando dejan de convenirle. ¿Quiere usted decirnos de qué medios y reglas se sirve para conseguir esas cosas, que son verdaderos prodigios en un hombre que no es soberano, ni presidente, ni ministro de negocios extranjeros, ni escritor influyente, ni banquero, ni ciudadano del país?

—Señora mía, esos secretos no son para revelarse en conversaciones de mero pasatiempo, porque son el pan de quien los posee, y este pan es indigesto para las damas.

—Pero, en fin, ¿cómo son, de qué naturaleza, esos ministros que usted fabrica, cómo se conducen, cómo hacen ellos por su lado, para conservarse en sus empleos? —pregunta Luz del Día.

—Los ministros que son mi obra —responde Basilio— no pueden ser mi reverso. Son al contrario mi fotografía diplomática. Ellos saben que todo el objeto de su misión se encierra en un solo deber: tener éxito; y que el éxito entero de un diplomático, consiste en conservarse en su empleo, aunque haya caído diez veces el Gobierno que se lo dio y el principio que representó su gobierno. Un diplomático no necesita tener principios; le basta tener fines. Su empleo no es el sacramento del matrimonio, y no porque haya muerto la política que lo elevó, ha de ser su viudo. El es la Suiza de su país, es decir la neutralidad en persona respecto de sus partidos; él estará con todos, siempre que todos le dejen estar en su empleo, aunque uno le mande creer que lo negro es blanco, y otro le haga decir que lo blanco es negro. Lo que él debe querer es servir a su país; y como su país se compone de la colección de todos sus partidos, él debe estar por todas las opiniones, por todos los colores, por todas las políticas, con tal que el partido, el color, la opinión, la política que sirve presentemente, estén en el poder y estén con él. Si el empleo tiene sueldo, tanto mejor; si no lo tiene, no por eso dejará de aceptarlo. Aun pagaría una fuerte suma para desempeñarlo sin sueldo, si tal condición fuere necesaria. El dirá que lo acepta por patriotismo; la verdad es que lo acepta por negocio, pues no hay canongía, ni escribanía que dé lo que da una legación al diplomático que sabe explotar los privilegios de su empleo. Por eso es bueno que el diplomático haya formado su carrera de tal, en el comercio, y no en escuelas de derecho.

«El primer cuidado que se debe imponer el diplomático que quiere tener éxito, es decir, perpetuarse en su empleo, es no estudiar ni aprender jota de derecho de gentes. Porque el darse a esos estudios es perder tiempo en cosas subalternas, que son cuando más de la incumbencia de algún oscuro oficial confidencial. Por este oficial se hacen hacer los "memorándum", los despachos, las notas, los proyectos de tratados (porque el "secretario" de legación, como el "ministro", es y debe ser también extraño al conocimiento del derecho de gentes). Por enfermedad u otro impedimento del ministro puede el secretario llegar a ser su sucesor y verse embargado con su instrucción de derecho internacional, para lo que es asegurar su empleo. Como no es el derecho internacional el que lo ha de mantener en su empleo, sino la voluntad del Presidente, son los medios de conquistar esa voluntad lo que forma el objeto de su constante estudio. Estudiar los vicios, los goces, los odios, las manías del Presidente y satisfacerlos y servirlos por una correspondencia asidua; estudiar los flacos de su vanidad y amor propio, las enfermedades de su inteligencia, las pretensiones de su fantasía y halagarlos por trabajos de prensa o de otro género, es de más importancia para asegurar el buen éxito de la misión (que es conservar la plaza) que todos los trabajos y estudios de derecho de gentes, sobre los intereses y necesidades del país en sus relaciones con el mundo exterior.

»Tener un cuidado extremo de ocultar al extranjero los defectos y faltas del país que representa, y negarlos y probar que no existen, cuando se trata de remediarlos y se ofrecen los medios prácticos de remediarlos, es otro de los caminos para facilitar al Presidente la tarea de mantenerlo en su misión como buen patriota; haciendo ver al público que sabe persuadir al extranjero de que su país es el país de las "Mil y unas noches", en que no hay pestes ni enfermedades, en que nadie muere, en que la tierra produce sin trabajo, y en que los colonos reciben fuertes salarios solo por tomarse el trabajo de comer las frutas, las carnes y los alimentos más exquisitos y abundantes que el suelo ofrece no solo "gratis" sino agradecido a los que se toman el trabajo de no trabajarlo. Llenar de estas cosas los diarios de Europa y América, inducir a los inmigrantes a que acudan al país de "Cucaña", aunque allí se encuentren con la muerte y la ruina, que se les ocultó, eso es probar el verdadero amor a su país, a sus progresos, a su crédito, en la forma más capaz de asegurar para siempre la posesión de un empleo diplomático, en que se encierra todo el éxito de una misión y toda la gloria de una larga y laboriosa carrera diplomática.»

XXXIII. Reglas de Basilio para conservar una Legación

«Aunque el diplomático, prosigue Basilio, aparezca estar acreditado cerca del gobierno del país extranjero en que reside, no debe olvidar que en realidad está "instituido" si no "acreditado", cerca de los porteros, de los criados, de los escribientes, de los cajistas de imprenta, de los caballeros que explotan la enseñanza a domicilio, de las cortesanas y sus procuradoras; en fin, de su atento y seguro servidor "Don Basilio de Sevilla" y sus mil vicarios delegados como "adlatere" en todas las legaciones de su hechura.»

El lector notará que ésta es la primera vez que Basilio deja caer su nombre en esta conversación, por un descuido propio de la mesa en que abundan los vinos exquisitos.

«Conocer condes, marqueses, generales y personajes eminentes de la sociedad en que está acreditado el diplomático, prosigue Basilio, puede ser agradable y curioso; pero eso nada interesa al objeto de su misión, que es conservar el empleo. Para esto son más eficaces otras relaciones y son las del mundo subterráneo, que es mi mundo favorito, dice Basilio. Quien dice "subterráneo" no dice bajo y despreciable, agrega Basilio con cierta vanidad. El oro, la plata, el diamante, la perla, el coral son cosas subterráneas y submarinas, porque habitan las entrañas de la tierra y de la mar; y los aceros y los venenos minerales y el petróleo mismo, con que se cambia la suerte de los estados, viven también bajo la tierra.

»A semejanza de estas cosas, los verdaderos héroes, los hombres diamantes, los granos de oro, como agentes, para el diplomático que sabe servir los deseos de su Gobierno, en el interés de conservar su legación, vive también en los subterráneos de las prisiones, en las cuevas en que se han habituado a vivir, los que han habitado los calabozos. Como el carbón de piedra, con que se hacen la luz y el diamante, habita en la oscuridad de la sociedad subterránea, que la industria del diplomático sabe hacer servir a la conquista de una garantía pública por la supresión de un obstáculo nacional, es decir, de uno de esos hombres funestos, que de un momento a otro pueden llegar a ser capaces de suprimir legaciones, que cuentan lustros de provechos dados a sus jefes, sin perjuicio de los servicios hechos al prestigio del país así representado.

»No es el Gobierno del país en que está acreditado, a quien debe vigilar, espiar, estudiar el buen diplomático, porque no es ese gobierno el que puede quitarle la legación, es decir, impedirle tener éxito. Su misión es espiar, vigilar a aquellos de sus paisanos residentes en el país en que él reside, que pueden llegar a suceder un día al comitente o al comisionado, o a ser, a lo menos, un estorbo para perpetuarse en esos puestos.

»Así, la verdadera, la útil diplomacia, se resuelve en verdadera inquisición y policía política; o en otros términos más inteligibles, en espionaje sistemado. y permanente. Y así como los mejores agentes de policía se reclutan entre los delincuentes que han pagado sus condenas en los presidios, así los primeros diplomáticos se encuentran entre gentes que si no han pagado su condena, no es porque no la deban y no la merezcan. Para hacer la policía diplomáticamente, es decir, sin ser sentido, se debe hacerla por agentes ajenos a la diplomacia y a la vida oficial; por un servicio de voluntarios, que se regimenten y organicen al efecto, entre los amigos y compatriotas del ministro, que residan donde él reside. Nada más fácil y abundante que esta recluta. Donde hay cortes y legaciones más o menos brillantes, abundan los americanos pudientes. El ideal de un republicano de América, es dejar su tierra de igualdad prosaica, para habitar la brillante Europa monárquica. La misma América del Norte, muy admirada platónicamente, atrae menos a los republicanos de Sudamérica, que la Europa con sus reyes y sus duques y sus nobles. El primer deseo de un republicano de Sudamérica que llega a Europa, es tener el honor de ser presentado a "Su Majestad", ver la corte. Este deseo es fomentado por el ministro mismo de la República, porque es un instrumento utilísimo en sus manos. Como ningún extranjero puede ir a la corte sin ser presentado por su ministro, no se descuida el ministro en poner un precio a ese servicio. El que quiere ir a la corte del rey tiene que empezar por hacer la corte a su propio ministro. La legación tiene su tarifa. Por cada invitación a la corte, el invitado tiene que escribir una carta a los periódicos de su país, probando que su ministro en la corte A o B, es el primer diplomático de la corte, y que si el país tuviera la desgracia de perderlo, la ruina de su diplomacia sería su consecuencia inevitable. Cada invitación del ministro para una comida o "soirée", en su propia legación, debe ser pagada por un servicio especial a la patria, el cual consiste en hacer alguna visita a un desafecto del Gobierno, para saber qué dice de su política y de la persona del Presidente, sobre todo. El que asiste a la mesa del ministro sin llevar algo importante que decir a este respecto, come de balde su comida, y naturalmente encuentra una acogida, que sin ser descortés, es tibia y desabrida. Así es como el ministro acopia los datos de que se compone su correspondencia diplomática más importante. Seguro está que él no confiará el envío de ese tesoro a su secretario. Será la parte de su correspondencia de que se encargará él mismo o los miembros de su familia. El sabe que su presidente, o su jefe inmediato, no leerá con interés, o no leerá absolutamente el mejor memorándum sobre un interés de primer orden para el país en la adopción de tal o cual medida diplomática; pero sabe que no dejará de leer (dos o tres veces con su cinco sentidos), lo que toca a su persona de cuanto hablan y dicen sus opositores políticos que andan por el extranjero. Estos son más temidos y observados que los reyes, porque no hay riesgo de que un rey extranjero reemplace al Presidente en su silla; pero sí puede ser usurpada por algún perverso de su propio país abrigando su maldad en la oscuridad de las elecciones. No hay riesgo de que un gobierno extranjero destituya, o dé un sucesor al ministro diplomático de la República, pero sí lo hay de que un vulgar patriota suyo lo destituya, si la fatalidad del país lo lleva al gobierno, como ministro de negocios extranjeros.»

XXXIV. Prosiguen las reglas de Basilio sobre el modo de

explotar una Legación

«Por lo demás, prosigue Basilio, sabido es que el más rico e independiente sudamericano se tiene por muy favorecido en recibir la delegación de un servicio de espionaje, que el ministro que se lo da cuida de decorar graciosamente con el nombre de "pequeña comisión diplomática"; y por muy feliz se tiene el así honrado en burlarse de la fe que debe a los que se le abren creyendo hablar con un caballero en conversación privada. No me cansaré de repetir, dice Basilio, con cierta importancia, que el mayor obstáculo de un buen diplomático, es la preocupación que se llama "honor". Para deshacerse sin inconveniente de este estorbo, se debe conseguir a todo precio una o dos condecoraciones, y coserlas a sus ojales hasta en la camisa de dormir, de temor de que la Verdad los sorprenda desnudos y los reconozca en su identidad de basilianos.

»El medio natural y obvio de tener una condecoración, es pedirla. Jamás un republicano de América la obtuvo en Europa sin pedirla. Pero importa no olvidar, que hay modos de pedir. Hay cosas que no se piden, sino dando, (y al decir esto, echó Basilio una mirada indecente a Luz del Día). Esta diplomacia, la conocen no solamente los amantes, sino los mendigos, el pordiosero da un ramo de flores, para pedir algunos sueldos. El limosnero musical, pide por las melodías de un órgano de Berbería, un pequeño socorro monetario. El diplomático puede estar seguro de tener el mismo éxito, siempre que cuide de imitar estos modelos. ¿Qué ofrecerá? ¿Qué dará? Este es un campo tan vasto como el del comercio, con sus innumerables mercancías destinadas al intercambio; pero todas se representan por un común denominador, que es el "deshonor". Con este auxiliar poderoso, los recursos del diplomático son ilimitados. Debe, pues, empezar por procurárselo. El medio más pronto y seguro de cambiar ese honor indefinible y fantástico, que tanto cuesta, sin estar jamás seguro de guardarlo, por un honor material, positivo, visible, fijo, que se toca y palpa, como el de una condecoración, es poner los plenos poderes que le confió su gobierno, a la disposición y servicio del gobierno extranjero, cerca del cual ha sido acreditado. Y si ése no los necesita, se busca otro que los necesite, con tal que pueda dar condecoraciones. Poco importa que la condecoración sea amarilla, azul o colorada. Todas las condecoraciones son iguales ante los ojos de un buen republicano: él se descubre ante todas igualmente. Si el gobierno extranjero o aliado, le hace el honor de constituirle su plenipotenciario confidencial y secreto, contra su propio gobierno, tanto mejor para el diplomático, porque entonces es dos veces ministro, tiene doble sueldo, doble poder y doble seguridad de no ser removido, porque él mismo cuida de hacerse recomendar del uno al otro, por las dos partes contrarias, que representa y sirve a la vez con igual lealtad.

»No es el todo asegurar un empleo. Es preciso saber explotarlo sin esperar a asegurarlo, en sus ricos y fugaces privilegios. El verdadero secretario de una legación bien tenida debe ser su ecónomo o mayordomo; y el ideal del mayordomo diplomático debe ser un pulpero trasteverino. Una legación es al fin una casa de negocios o de negociaciones o de negociados o de un encargado de negocios, que todo viene a ser equivalente. El diplomático que después de saber retener por muchos años su empleo, no sabe sacarle al mismo tiempo una fortuna, puede decir que me merecerá su destitución por inhábil. Su país no dejará de darle el premio que merece: el olvido nacional, en pena del olvido de sí mismo. La traición a la patria puede ser perdonada, pero la traición a su propio bolsillo es un crimen que no perdona el patriotismo de hoy día. No hay más que un medio seguro de asegurar la gratitud del país, y es el de asegurarse una gran fortuna a sus expensas, en el desempeño de un empleo elevado. ¡Es lo que un diplomático no dejará jamás de hacer, dice Basilio con firmeza, si es verdadero diplomático!

»¿Dónde tomo, dónde busco yo mi enviado extraordinario? cuestión capital para el éxito de su misión, es decir, para ser enviado vitalicio, u ordinario después de ser extraordinario.»

XXXV. De la elección de los agentes diplomáticos según Basilio

«Mi enviado, prosigue Basilio, no necesita ser enviado. Es tan listo su patriotismo, que desde largo tiempo atrás ya está donde debe estar. El ha precedido a la legación desde quince a veinte años antes de ser nombrado para desempeñarla. Está en el extranjero, y lo está tan de firme que es extranjero en cierto modo a su país mismo. Está emigrado de su patria para cultivarle mejor su amor, y tan definitivamente que ya está domiciliado, arraigado y sujeto al soberano extranjero cerca del cual debe residir. Si su independencia no es completa, lo será su sujeción. Lejos de ser un enviado, es un hallado, un descubierto, y para hallarlo no será preciso que la legación lo busque, sino que él mismo buscará a la legación hasta encontrarla. El que negocia su propia legación es más que negociador, es negociante. No habrá necesidad de dársela; él la comprará como los oficios vendibles de otro tiempo, como las escribanías del día, poco importa la moneda en que pague el precio.

«Tiene muchas ventajas el que el enviado no sea enviado, dice Basilio. Desde luego, no habrá necesidad de retirarlo de su retiro natural, si alguna vez termina su misión.

»Afincado en el país extranjero de su residencia diplomática, su casa es dos veces inmune; para el soberano cerca del cual reside, y para su propio gobierno, que dista tres mil leguas. Su "extraterritorialidad" es tan completa, que se puede decir, que no está en la tierra, sino en el aire, y que para embargarlo es preciso cazarlo al vuelo.

»Al mismo tiempo, en su calidad de expatriado voluntario de su país, y domiciliado en país extranjero, a falta de una patria, tiene dos; es de dos naciones, y por lo tanto, un "hombre internacional", un compromiso animado, un tratado ambulante, un conflicto personificado y tan permanente como él quiera y convenga a su misión, que es la de conservar su empleo.

»Para mi diplomacia, prosigue Basilio, que no es sino "policía", el enviado no debe ser extranjero al país en que reside como tal. Un extranjero lejos de poder hacer la policía o inquisición a los otros, todos los del país se la pueden hacer a él. No conociendo ni a los porteros, ni a los cocheros, ni a los sirvientes, ni a los escribientes, ni a los intérpretes y profesores a domicilio, ni a los caballeros de industria, ni a las cortesanas del país a que va enviado, ¿cómo podría un americano ser diplomático en Europa? ¿Ante quién estaría acreditado, si no conoce a estas entidades?

»El que tiene dos patrias puede tener dos patriotismos, dos soberanos propios, ser empleado de ambos a la vez, tener dos legaciones, una en pro y otra en contra de su país, siendo por ello dos veces patriota, lejos de carecer de patriotismo. Seguro está de que ese diplomático de dos lados, no suscitará una guerra entre sus dos países. Dejará hundirse al suyo propio, antes que exponerse a recibir su pasaporte y verse desterrado de su patria adoptiva, si en ella está afincado, de puro amor al suyo. Volver a su querida tierra nativa será perder su hogar, sus comodidades, sus amigos, ir al extranjero, ser desterrado peor que a Siberia. Es perder las dos legaciones a la vez, porque siendo la de su país nativo, la razón de ser de la de su país adoptivo (y nunca "viceversa"), todo conflicto de honor para su país es crisis de vida o muerte para los destinos personales de su diplomacia. Todo lo que exige el honor ofendido de su país, tiene que pagarlo a sus costillas su representante domiciliado en el país extranjero, que lo ha ofendido.

»Para prevenir esta catástrofe, siempre que el honor de su país reciba un bofetón, el diplomático a dos anclas deberá decir que es nada. En todo conflicto, debe dar la razón al país en cuyo suelo vive, morirá y será enterrado, para no verse desterrado a su tierra nativa, que sería su Siberia. Hay americanos que aman la tierra de su país, a condición de vivir a tres mil leguas de él; que darían su vida por su tierra nativa, a condición de ser enterrados en tierra extranjera. Esos amantes desde los antípodas, son naturalmente los más intolerantes y exaltados en su patriotismo "chauvin"; lo que prueba el acierto de mi regla sobre el país en que deben ser buscados los enviados. Al país le importa fomentar y honrar a sus nativos que lo dejan para ir a domiciliarse en el extranjero, con sus fortunas, si quiere aumentar su población y sus capitales, y estimular el verdadero patriotismo, que consiste en huir de su país, para no volverlo a ver jamás.»

XXXVI. Fines y objetos de la diplomacia según Basilio

—¿Según qué principio —pregunta Luz del Día—, propone don Basilio sus candidatos para ministros diplomáticos? ¿Para cuál diplomacia? ¿Para cuál política exterior? Porque según es el objeto de la diplomacia, así deben ser los diplomáticos.

—Para el único objeto que tiene la política en Sudamérica, tanto exterior como interior: suprimir, combatir, destruir el obstáculo, que la hace imposible: este obstáculo es la verdad.

—¿La verdad? —pregunta sorprendida Luz del Día

—Sí, señora, la verdad en persona. La verdad es la fiebre amarilla de los gobiernos americanos; ella los diezma y destruye. Naturalmente, tienen que defender su existencia, y en esta demanda, su deber capital, es extirpar la epidemia, que desgraciadamente es contagiosa en supremo grado. Es preciso atacarla en sus fuentes, o más bien prevenir que salga de sus fuentes para venir a América; atajarla de lejos por un cordón sanitario: este cordón es la diplomacia de la América del Sur, en la Europa del Sur.

—Pero si los gobiernos son gobiernos de verdad, ¿halla usted posible que la verdad se ataque a sí misma? —pregunta Luz del Día.

—No sé lo que quiere decir «gobierno de verdad» —dice Basilio—. Aquí la verdad no hace gobiernos; al contrario, ella los deshace. Los gobiernos son como...

—Dios los hace... —interrumpe Luz del Día.

—No, señora, aquí Dios no hace gobiernos. No tenemos gobiernos de derecho divino. Los gobiernos son como son, por la obra de la naturaleza, pues emanando los unos de los otros, es natural que el sucesor se parezca al sucedido, como en la sucesión de todas las especies. Un gobierno hecho por un gobierno no puede dejar de ser legítimo.

—Pero ¿puede un gobierno ilustrado, ser enemigo de la luz, ni la luz puede hacer mal a un gobierno ilustrado?

—La luz, señora, puede bastar por sí sola para destruir al gobierno más fuerte, en casos dados, que son el caso de cada día en Sudamérica. La política de nuestros gobiernos, tiene la misma razón para temer los estragos de la luz, que la tiene una mujer honesta, que involuntariamente ha recibido de la naturaleza por dote, el tener un ojo menos, o una oreja menos, o una pierna corta y otra larga, o una piel despedazada por las viruelas, o lo que es peor, arrugada por los años. Esta señora vive feliz, quieta, respetada, querida, mientras vive bajo una luz condescendiente y propicia, que ella misma cuida de darse; pero basta que la luz del día, revele a los ojos de todos su tez arrugada, su cojera o sus mutilaciones con que la ha dotado la naturaleza, para que todas la pierdan el respeto y se rían en su cara. Esta es la misma suerte de toda política dotada como esa señora, con un ojo menos, una pierna menos, una oreja menos, etc.. Alumbrarla, es destruirla, porque es revelar sus deformidades naturales y arrancarle toda autoridad. No es que la política no ame la luz. Sin la luz sería la muerte. Pero los gobiernos quieren la luz que ellos hacen, no la luz de la verdad. Ellos saben hacer la luz que les conviene: es una luz política, o una luz diplomática, según que es para alumbrar al país por dentro o por fuera. La luz del día tiene el gran defecto de hermosear lo que es hermoso y de afear lo que es feo. Nada más contrario a la política. La luz de la mentira (como llama la mordacidad de las oposiciones a la luz de los gobiernos), hace parecer joven lo que es viejo, hermoso lo que es feo, derecho lo que es tuerto, bueno lo que es malo. ¿Puede haber una luz más útil y necesaria para gobernar?

«La verdad para nuestros gobiernos, prosigue Basilio, es como el petróleo: al mismo tiempo que sirve para alumbrar, sirve para incendiar. Es natural que los gobiernos hagan de la verdad, un contrabando de guerra, y comprendan la prohibición de su tráfico en los tratados internacionales. Es natural que hagan requisición de ella, que desarmen a los particulares de esa arma peligrosa y la monopolicen, para servicio del Estado, como hacen con la pólvora, los cañones, los fusiles y las armas de ejército. El Gobierno puede usar todo esto para gobernar al pueblo; pero el pueblo no puede usarlo respecto de su gobierno, sin cometer felonía y alta traición.

»Para administrar la verdad, el Gobierno lo hace por medio de esas linternas sordas de que se sirve la policía nocturna, las cuales sirven para dejar a uno en plena luz, y a otro en plena oscuridad. El que maneja la luz puede ver bien a los demás; los otros no pueden verle a él. El Gobierno no puede decir la verdad a sus opositores, pero sus opositores no pueden decirla al Gobierno, porque esto es arrebatarle sus armas y cometer crímenes de sedición y felonía. Si los opositores son tuertos, viciosos y manchados, el Gobierno tiene derecho de derramar sobre sus defectos toda la luz del Sol, sin faltar al orden, porque el Gobierno no puede hacer revolución a la oposición. Pero la oposición no puede alumbrar las manchas y vicios reales del Gobierno, sin destruir su autoridad, lo cual es un verdadero delito de sedición. La luz de la verdad es a menudo la revolución, porque a menudo la política de los gobiernos es la mentira o la deformidad, cuando no se mira con la luz de su propia hechura.

»Cuando la Verdad es castigada y arrojada del país por su abominable empeño de revelar los vicios naturales de sus gobiernos civilizados, busca su refugio en países extranjeros, desde donde sigue derramando su luz impertinente sobre los puntos negros de nuestra política. Es natural que el Gobierno la haga perseguir y castigar en el extranjero, conforme al derecho de gentes. Este es el fin de sus legaciones, y el objeto que sus ministros diplomáticos persiguen por tratados de extradición de los que se hacen culpables del crimen ordinario de incendio intelectual y literario, y de robos de reputaciones perpetrados en las personas del Gobierno. Los tratados postales tienen por objeto impedir esas infiltraciones del petróleo de la prensa, que la pérfida Verdad destila desde lejos para incendiar y demoler el edificio del Gobierno.

»Los ministros diplomáticos son enviados para visar el pasaporte con que cada idea deja la Europa para venir a la América, y negárselo a toda verdad, que revele algún achaque del Gobierno, o del país, que el patriotismo bien entendido manda ocultar.

»Ellos deben distribuir en el extranjero la luz auténtica y genuina que es la del Gobierno, con que se deben ver y apreciar los actos de su política desde lejos. La legación debe ser un diorama donde las hazañas del Gobierno deben ser presentadas bajo los más bellos colores, en cuadros verdaderos pintados por pintores oficiales. Deben hacer en la corte, en el salón, en la prensa, en la calle, en los paseos, guerra a muerte al enemigo natural de todos los gobiernos, que es la luz, que revela sus defectos, es decir, la luz de la Verdad.»

XXXVII. Término escénico de la comida y de la conversación. La verdad toma en infraganti delito a Basilio

—¿Y qué piensa usted mismo —pregunta Luz del Día a Basilio— qué opinión tiene usted, cómo mira usted a la Verdad?

—¿Yo? La detesto de todo corazón. He dejado la Europa por huir de ella; pues apaleada y perseguida allí mismo como anda, es intolerable por su vicio de revelar y delatar los defectos de las personas y de las cosas. La detesto de tal modo que no respondo de que no la traspasaría con un puñal, si la tomase sola en alguna parte.

Luz del Día se levantó entonces bruscamente y se dispuso a partir, alegando que era ya tarde.

Basilio tomando un tono amable y reposado, le dice:

—No sé si la señora conoce la costumbre de este país. Cuando una dama ha comido en sociedad y se retira, está obligada por el código de la amabilidad, a recibir tres besos de cada uno de los concurrentes.

—¿Tres, nada menos? —pregunta Luz del Día horrorizada.

—Es que no son dados en la boca. El uno es dado en lo alto del brazo desnudo sobre la señal de la vacuna, que ha preservado su hermosura. El otro es dado en el pecho, para que Dios la preserve de amar a la verdad y el tercero en la espalda para librarla de traidores.

—¿Es decir que para despedirse, una señora tiene que desnudarse?

—No enteramente; basta la mitad del cuerpo, lo cual es descubrirse, más bien que desnudarse, como se descubre el hombre que saluda, como se descota la dama que va al baile y al banquete.

—Muy bien. Pero como no tengo aquí otro vestido que el que llevo puesto, voy a desnudarse enteramente para despedirme de «Don Basilio de Sevilla».

Basilio espantado, sea de verse descubierto, o sea porque la creyó embriagada, pidió a Tartufo que intervenga en defensa del pudor amenazado. Pero con la rapidez de una peripecia de teatro, Luz del Día arrojó sus vestidos, y Basilio reconoció en la invitada la formidable y temible estatua viva de la Verdad. La revelación del «Convidado de piedra» en el festín de Don Juan, no produjo tanto efecto como en Basilio la del busto desnudo de la Verdad, en aquella persona misma a quien había descubierto con tanta intemperancia todos los horrores de su alma de bandido durante toda la comida. Cayó en las ansias y convulsiones de una crisis nerviosa en que pasó toda la noche, delirando y repitiendo estas palabras: «¡Ella es! ¡ella es! ¡horror! ¡horror!».

Al día siguiente se quejó de Tartufo sospechándolo de una traición concertada con la Verdad; pero Tartufo lo calmó refiriéndole su propia aventura y prometiéndole la indulgencia de Luz del Día, en cambio de revelaciones ulteriores de su vida que ella aceptaría por vía de investigación y estudio de la América, si Basilio convenía en dárselas, como había ya hecho Tartufo, sin tener motivo de arrepentirse.

Basilio se sorprendió agradablemente de oír hablar de esta disposición pacífica de la Verdad para con él, y le vino casi una tentación de hacerse hombre honrado. Ya veremos que esto no pasó de simple veleidad.

XXXVIII. Aventura horrible que ocurre a Luz del Día

Recogida en su casa, Luz del Día se puso a recapitular en su memoria lo que llevaba visto desde el día de su llegada al suelo americano y no pudo dejar de ver con la mayor tristeza, que no solamente están en América los tipos funestos que tanto mal han hecho en Europa, sino que en cierto modo son los que tienen en sus manos la suerte del nuevo mundo, a ser cierto el ascendiente de que ellos se jactan. Falta por lo tanto saber si en su flujo natural de mentir y alterar la verdad, no se atribuyen la importancia y el influjo que no tienen. Luz del Día determina entonces suspender todo juicio, y antes de volver a ver a ninguno de los bribones con quienes se ha encontrado por su desgracia, prefiere tentar la adquisición de nuevos contactos, a ver si da con uno que la saque de sus tristes aprensiones. Aunque los dos personajes que ha encontrado son a cual peor, Luz del Día no puede consolarse de ver que sea Basilio, es decir, la calumnia y la mentira encarnadas, el que desempeña los papeles más importantes en la realidad, aunque no lo sean en la apariencia.

«Los pícaros no van a las bibliotecas, se dice a sí propia. Allí no van sino los amigos de la verdad, que desean encontrarla por el estudio de la ciencia. Es decir, que allí encontré yo misma el "Cicerone" de Verdad, que necesito para conocer este país.»

Sale de su casa para dirigirse a la biblioteca, pero no sabe dónde está ese establecimiento. Para hacerse conducir, y antes de eso, para almorzar en un «restaurant», necesita dinero menudo, que le falta. Comienza, pues, por ir al Banco, a donde se hace cambiar por billetes de poco valor del país, uno de cien francos que había traído de Francia. El Banco, que tiene a honor ser en su despacho, pronto y fácil, entrega los billetes solicitados, pero como los billetes extranjeros no son conocidos de todos los empleados, se llevó el de cien francos a un empleado conocedor, para que lo examine. Entretanto salió del Banco Luz del Día y se dirigió a un «restaurant» inmediato, donde no faltan gentes del Banco, que la siguen de vista y la ven entrar. La ven igualmente salir de allí y tomar un coche, en que se hace conducir a la biblioteca. Todo esto hace pensar, que si no es una extranjera rica, de buena clase, es una aventurera que abunda en dinero ajeno. Si en vez de ir a la biblioteca, se hubiera dirigido a un café cantante, o a un jardín público, su opinión hubiera sido desde luego más que sospechosa.

La presencia de una mujer joven y bonita en la biblioteca pública, llamó la atención de los que allí estaban leyendo, porque las damas del país no acostumbran ir a las bibliotecas. Todos los que allí se encontraban eran jóvenes, lo que confirmó la esperanza de Luz del Día de hallarse entre la buena fe. No viendo empleado alguno y no sabiendo a quien dirigirse, su vacilación notada por los asistentes, determinó a un joven de los que allí estaban a ofrecerla sus servicios, en atención a que el empleado, su amigo, estaría todavía ausente más de una hora. Luz del Día agradeció el comedimiento y pidió las «Obras de Plutarco».

—¿Cuál de los Plutarcos? —preguntó el oficioso bibliotecario.

—No conozco más que uno —respondió Luz del Día.

—Es que nosotros tenemos dos: uno de los grandes bandidos, y otro de los grandes hombres de bien. El uno es nuestro Plutarco, el otro es un Plutarco extranjero, dijo el joven. Como la biografía es la parte más apropiada de la historia para servir a la educación de la juventud, nuestro Plutarco, en su calidad de educacionista, ha escrito las vidas de nuestros bandidos, para servir a la educación de la juventud de su país.

Huyendo de bandidos, ni por vía de estudio quiso Luz del Día saber de ellos: pidió el «Plutarco» de las gentes de bien y de verdad.

Antes de dárselo, el joven tomó un plumero para quitar el polvo de años enteros, que cubría esos volúmenes; y la polvadura fue tal, que hizo toser a todo el mundo.

—No se diría que esta obra es tan leída como debería suponerse —murmuró Luz del Día.

—No la lee nadie. Estos jóvenes vienen a leer otras cosas.

—Cosas de ciencia, más relacionadas con sus estudios profesionales tal vez —dijo Luz del Día.

—No, señora: aquí nadie viene a perder tiempo en estudios vagos. Ninguno de los concurrentes es hombre de letras ni estudiante de ciencia alguna. Uno de los asistentes que usted ve es peluquero, que viene a estudiar el secreto de teñir los cabellos y la barba; otro es un aficionado a medicina, que estudia los abortivos menos peligrosos. Otro lee mi vida y aventuras...

—¡Libro que está aquí! ¿Pudiera tener el honor de conocer el nombre del personaje con quien hablo? —preguntó Luz del Día.

—«Gil Blas de Santillana», de quien tal vez habrá usted oído hablar más de una vez en Europa.

—¡Entre qué gente, Dios santo, he venido a meterme! —exclamó para sí Luz del Día, desesperada de abatimiento con este nuevo hallazgo—. ¿Esto es una biblioteca, o es una academia de salteadores?

No bien hizo esta reflexión, cuando se presentó un soldado de policía en la sala de lectura, buscando una persona en nombre de la justicia criminal. Nada la sorprendió esta aparición a Luz del Día; pero su sorpresa fue sin límites cuando supo que la persona a quien buscaba la justicia criminal, era nada menos que ella misma.

—¡No puede ser! —exclaman juntos con ella, todos los jóvenes allí presentes, como conociendo en su exterior noble y digno que esa mujer no era de su gremio—. Debe ser un error —exclamó con calor indignado el generoso Gil Blas...

—Válgale a usted señor, el ser persona de tanta respetabilidad en este país, que si no ya vería como su comedida defensa le valía el ser tomado como cómplice.

—Pero ¿qué delito ha podido cometer esta señora? —preguntan todos a la vez.

—¿«Delito»? nada menos que el «crimen» de falsificación de moneda —dijo el gendarme.

—¡Imposible! —exclaman todos a la vez, con la uniformidad de un protomedicato, que hubiese visto calificar como tísica aquella robusta y linda complexión, que protestaba por sí misma.

—Den gracias —repitió el gendarme—, a que todos ustedes son conocidos como gentes decentes y respetables, que si no tendrían que acompañar a esta hermosa señora a donde yo la llevaré de aquí.

—¿Se puede concebir que una mala mujer hubiese venido a perder su tiempo en una biblioteca? —exclama alguno.

—¡Bah! —dice el gendarme—. Bien sabía ella que aquí no encontraría sino jóvenes crédulos y de buen humor.

La confusión de Luz del Día era mayor al verse defendida y sostenida por Gil Blas y por otros como él, nada menos. Es cierto que ellos ignoraban que defendían a la Verdad.

Cuando el gendarme sacó a Luz del Día de la biblioteca para conducirla ante el juez del crimen, todos los que allí estaban la siguieron como para defenderla de la humillación pública por su simpatía inexplicable. Ella entre tanto se defendía sin hablar palabra, por la calma majestuosa de su porte y semblante.

XXXIX. Proceso y condenación de Luz del Día

El juez del crimen procedió inmediatamente a interrogarla en los siguientes términos, delante de la multitud.

—¿Quién es usted?

—Soy una mujer. (Risa general.)

—¿Cómo se llama usted?

—Luz del Día. (Nuevas risas.)

—¿De qué país es usted?

—De todas partes. (Es decir una aventurera, una vagabunda.)

—¿Su edad?

—Más que secular. (Mentira, pues su juventud está visible.)

—¿Su profesión?

—La enseñanza. (Carcajada general: bonita enseñanza la que daría a nuestra juventud.)

—¿Sabe usted el motivo de su prisión?

—No lo sé. (Una voz: ¡Pobre inocente!)

—Usted es acusada de haber falsificado el billete de Banco que ha cambiado esta mañana por billetes verdaderos. ¿Recuerda usted haber dado al Banco este billete francés de cien francos? (Poniéndole ante sus ojos.)

—Sí; pero yo lo he dado sin examinarlo y en la persuasión de que era bueno.

(Una voz: Así son estas mujeres: como no las cuesta ganar la plata, reciben de los viciosos lo que su vicio las da; y los viciosos no pueden ser incapaces de dar billetes falsos.)

Esta idea cambió un poco la sospecha de falsificadora en la de cortesana burlada por algún truhán, autor de la falsificación.

—¿Es usted casada?

—No lo soy. (Rumores prolongados.)

—¿Tiene usted cómplices?

—No tengo delito. ¿Cómo puedo tener cómplices?

(¡Bravo!)

El juez toca la campanilla y protesta hacer despejar la sala, si se renuevan los aplausos desacatados.

—¿Tiene usted pruebas de su inocencia?

—No, señor juez.

—Pues aquí la inocencia no se presume, sino que se prueba, cuando un hecho, como el uso de un billete falso, la desmiente.

—Alguacil, lleve usted a esta mujer a la cárcel pública. (Emoción viva y general. Silencio profundo y simpático, por la bella delincuente.)

No faltaron algunas voces que llegaron a ser oídas por Luz del Día, por este estilo: ¡La falsificadora!... ¡La embustera de profesión!...

¡La mentira vestida de mujer!...

En la cárcel fue colocada en el departamento destinado a las mujeres, donde se encontró con gran número de otras que allí estaban por delitos y acusaciones diversas, justas e injustas, las unas de aspecto decente, las otras desenvueltas y cínicas, y todas confundidas. A pesar de lo grave del crimen de falsificación de que era acusada la nueva prisionera, las mujeres por la debilidad de su sexo, no pueden comprender que la alteración de la verdad sea un crimen, y la hermosa delincuente no fue mal acogida por las otras.

Luz del Día se hizo para sí esta reflexión: si la biblioteca es el «rendezvous» de todos los calaveras, es de sospechar que esta prisión sea el de las gentes honradas; y si yo estoy aquí como delincuente ¿por qué no podría estarlo la Justicia misma?

No bien acabó de hacer esta reflexión, cuando una prisionera del más noble y digno aspecto se acercó a ella, y saludándola, la dijo:

—Yo creo no equivocarme en pensar que la señora ha sido víctima de una acusación calumniosa y vengativa.

—Tengo la conciencia de que no ha sucedido otra cosa —responde Luz del Día, reconociendo en la dignidad de su interpelante no sé qué cosa de su misma raza y naturaleza sobrehumana—. ¿Y por qué dudaría yo de que hablo con una hermana de inocencia y de infortunio? ¿Podría saber el nombre de la persona con que tengo la suerte de encontrarme en este indigno lugar? —dijo Luz del Día.

—Yo soy la Justicia —contestó la otra dama.

—No me asombro de verla donde yo misma estoy.

—Y usted ¿quién es? —pregunta la Justicia.

—Yo soy la Verdad. ¿Quién ha puesto a usted en la cárcel?

—El juez de primera instancia.

—¿Y por qué no apeló usted de su fallo?

—Yo apelé ciertamente, y la Corte modificó la sentencia; pero en vez de dos años de prisión, me puso cinco. También pedí al Gobierno el beneficio del indulto, en un aniversario de la patria, pero lejos de indultarme, declaró que me hubiese fusilado, si de él hubiera dependido hacerme esta gracia.

—Estoy casi cierta de que no estará usted aquí sin alguna compañera digna de usted. ¿No es así?

—Es verdad, no estoy mal acompañada —dijo la Justicia—. Esa dama mustia y solitaria que ve usted en aquel rincón, es la Libertad.

—Y ¿quién la ha puesto presa?

—Los liberales, por el crimen de haberlos reprochado su despotismo, es decir, su libertinaje. Ella es más infeliz que yo, porque no solamente la han condenado a prisión, sino que la han declarado loca, como para pasarla al hospital, después que cumpla su condena en esta cárcel.

—Y aquel prisionero, que parece estar tan alegre en el departamento de los hombres, ¿puede usted decirme quién es?

—Ese ha cometido cuatro asesinatos, pero tiene la certeza de su próximo indulto, en cambio de servicios, que el Gobierno espera de él, no sé de qué naturaleza.

XL. Luz del Día es puesta en libertad por los mismos que la

han encarcelado

Al día siguiente fue prevenida Luz del Día, que dos caballeros solicitaban verla.

—¿Quiénes pueden ser? Yo soy desconocida en este país. Serán más bien empleados de la justicia —pensó Luz del Día.

Salió a recibirlos y se encontró nada menos que con Basilio, que venía acompañado de Gil Blas, cuya aparición la consternó más que si fueran dos verdugos, porque temió que semejantes visitas bastasen para justificar todo lo malo que de ella pudiera sospecharse.

Basilio la expresó desde luego su pesar y sorpresa con que había sabido por su amigo Gil Blas, la desgracia de que era víctima. Que convencido de que no podía tener por causa sino un grande error se había dirigido a la Justicia criminal para abonar por su persona y su inocencia, con la garantía de su cabeza; que cabalmente en ese momento llegaba un oficial, que venía de visitar su habitación y su baúl, en el cual habían encontrado un billete de cien francos del «Banco de Francia», con una carta anónima que alguna persona celosa decía haber sustituido por el billete falso, con el fin de comprometer a la linda y envidiada extranjera. Que en vista de esto había conseguido el decreto de su libertad y tenía el placer de traerlo consigo, con un oficio dirigido al alcalde de la cárcel, para dar cumplimiento al decreto.

Entre dejar a sus nobles compañeras de prisión y salir en libertad bajo los auspicios de dos salteadores, la pobre Luz del Día bastante vaciló, pero al fin se resignó a gozar de su repugnante libertad, que en su conciencia imperturbable, no valía más que la prisión en que había encontrado las primeras relaciones honestas.

Acompañada hasta su hotel por Gil Blas y por Basilio, no se despidió este último sin hacerla la sorprendente revelación que sigue:

—No se afane usted Señora, en darme gracias por haberla sacado de la cárcel, porque no ha sido otro el que la ha puesto en ella, que yo mismo. Por una mano indigna, hice cambiar el billete verdadero de cien francos, que tenía usted en su cartera, por otro falso, creyendo que esa intriga no tendría más efecto, que darle un chasco más o menos pesado pero nunca del carácter del que ha ocurrido. Yo espero que usted admitirá mi derecho a usar de esta represalia contra la burla de que usted me hizo objeto en la comida tenida en casa de Tartufo. Para desvanecer la mala impresión que en el público ha podido hacer la escena de su traslación a la cárcel, he solicitado el concurso de mi honorable amigo el señor Gil Blas, para servirla ambos públicamente de respetuoso cortejo, con lo cual estoy cierto se habrá compensado cualquiera mala impresión en el público, con respecto a la honorabilidad de usted.

Luz del Día, que había recelado recibir de su libertad, debida a tales libertadores, más deshonor que de su prisión en compañía de tales prisioneras, fluctuó entre reírse de indignación, o llorar la desgracia de verse en América expuesta a tales humillaciones.

—Por más que usted diga —contestó Luz del Día a Don Basilio—, yo no puedo dejar de estar reconocida por el servicio que le debo, pues si no me asombro de que sea él quien me ha puesto en la cárcel, tengo el derecho de admirar que sea él quien me ha puesto en libertad. Al menos se ha mostrado mil veces más honrado en esto último, que los que tienen en prisión hace años a la Justicia y a la Libertad; probablemente por alguna estrategema como la empleada a mi respecto, sin que por esto pretenda yo atribuir a usted mismo esta obra.

—Ciertamente que no es mi obra —dice Basilio— pues para hacer prisiones de esa importancia, solo el Gobierno tiene bastante autoridad y fuerza.

—Pero no se aflija la señora Luz del Día —observó Gil Blas—; esas personas están tan acostumbradas a vivir en la cárcel, que ya son felices de verse allí; allí a lo menos viven tranquilas y respetadas, pues cuando andan sueltas, su vida es un tejido de aventuras, tumultos, escándalos y peligros.

—¿Y que interés puede tener el Gobierno en prolongar por años su prisión? —pregunta Luz del Día.

—Se dice —responde Gil Blas—, que cuando están sueltas, el Gobierno no puede gobernar. La señora Libertad tiene la manía de mezclarse en todo, y la insolencia de querer tomar parte en las medidas del Gobierno, metiéndose a discutirlas, a contradecirlas y a veces a ridiculizarlas. La señora Justicia tiene otra manía más ridícula, y es la de quitarle al Gobierno sus hombres más útiles, sus empleados más leales para mandarlos a los presidios, so pretexto de algún que otro robo o asesinato insignificante, generalmente cometido contra enemigos del Gobierno, y las más veces en su servicio mismo. Ante esa conducta no le queda al Gobierno otro medio de mantener el orden, que tenerlas en la cárcel por orden permanente.

—Ya veo —dice Luz del Día—, que el Gobierno interior, es como el Gobierno exterior o su diplomacia, que me ha explicado el señor Basilio, en otra parte. Recuerdo haberle oído que también hacía presidentes y diputados, como hacía diplomáticos. Yo tendré tal vez que agradecerle otra conferencia confidencial sobre esta última industria de hacer presidentes.

—En este punto —respondió Basilio—, yo cederé mi puesto a mi amigo Gil Blas, que lo posee mejor que yo, y tendrá mucho gusto en exponerlo a la señora. Mi especialidad es la diplomacia y sus misiones secretas y subterráneas. El señor Gil Blas sabe ya quién es usted, y yo sé que nada le será más agradable que poner a su servicio la grande respetabilidad de que disfruta en Sudamérica, y el auxilio de sus vastos conocimientos en materia de política interior, práctica y positiva. El da poco su tiempo a las teorías y principios. Si va a la biblioteca, es para leer las causas de los criminales célebres, y las vidas y aventuras de otros caballeros de su clase, en que abundan las literaturas españolas, madre e hija, expresiones ambas de ambas sociedades.

Gil Blas significa por una reverencia muda su absoluto y completo asentimiento, y promete una visita a Luz del Día para uno de estos días.

—Vaya otra relación importante y honorable la que acabo de adquirir —exclama en voz baja Luz del Día—, era la que me faltaba cabalmente, para acabar de establecer mi reputación de persona honrada, en este país.

Gil Blas que llegó a oír esta murmuración, la dijo en seguida:

—No se equivoque usted señora, en la idea que se forma de su propio valor. Si no quiere usted ser tenida en estos países como la mentira en persona, trate de aceptar el apoyo de mi prestigio, y el auxilio de mis consejos.

—¡Es decir, que si quiero ser tenida por lo que soy, debo parecer lo que no soy; y para ser reconocida como la Verdad, necesito ser la Mentira! —dice irónicamente Luz del Día.

—Por absurdo que eso le parezca, esa es la realidad de la vida que aquí hacemos. Yo que conozco a usted, tengo por su persona el respeto que se merece; pero aquí nadie la conoce; y lo que es peor, usted no necesitaría sino darse a conocer, para perderse, no por razón de ser usted la Verdad, sino porque no la creerían tal; la tomarían por loca y en cada palabra de genuina verdad que saliese de su boca, verían la confirmación de su locura. Yo podría ganar con su relación de usted, si usted adoptase mis máximas; pero con toda la importancia que aquí me dan mis antecedentes, no necesitaría yo sino aceptar las suyas para perderme a los ojos del país. El mundo está aquí arreglado de tal modo, que hasta para decir la verdad, es preciso mentir; hasta para ser tenido por bueno, es preciso hacer maldades y no hay más medio de salvar su honor, que hacerse pícaro. Yo siento valerme de una dura expresión para hacerme entender mejor de usted; pero necesito decirla que lejos de tenerla envidia y temor por ser usted la Verdad, yo la tengo a usted lástima; y no me tome usted por necio si la digo, que yo valgo aquí en influjo diez veces más que usted. Si usted es la «verdad», nosotros somos la «realidad»; si usted es el «derecho» nosotros somos el «hecho»; si usted es la «idea», nosotros somos la «vida». Conténtese usted con saber que la Verdad es reconocida como reina del mundo, aunque en el hecho se tome por la Verdad, lo que en realidad es la Mentira. ¿Sabe usted a qué título soy aquí universalmente respetado? Como el representante de la Verdad. Y ¿sabe usted cómo lo he conquistado? A fuerza de no respetarla ni decirla un solo día.

—Pero ¿quién ha formado así este mundo? —pregunta Luz del Día.

—Los mundos se forman por sí mismos, como los ríos y los mares, pero su corriente natural arrastra los hombres y las cosas, como las corrientes del Paraná arrebatan a la floresta sus más gruesos árboles y los llevan en sus espaldas como fugaces pajas. Su corriente nos ha traído de la Europa de ayer y nos ha dado el dominio de este nuevo mundo a la moda, en que gobernamos a fuerza de dejarnos gobernar. He prolongado esta especie de profesión de fe, para calmar cualquier escrúpulo que pudiera usted tener en aceptar mi contacto y mi amistad, que tengo el honor de poner al servicio de la señora Luz del Día.

—Al menos Gil Blas, aunque bandido, tiene las forma agradables de un caballero y en esto vale más que Basilio —se dijo a sí misma Luz del Día aceptando las civilidades sinceras o mentidas de sus libertadores, que la habían encarcelado por hacerla el servicio de libertarla. Se encerró en su cuarto, después de saludarlos.

XLI. Contacto de Luz del Día con Gil Blas

El contacto entre Luz del Día y Gil Blas, que va a ser muy estrecho en adelante, parecerá extraño, y no es sino muy comprensible. No será de amor, pero como en los contactos de amor, cada parte contraria tendrá su mira, y cada mira será digna de su tenedor: la de Luz del Día será de convertir a Gil Blas a su casto y noble culto, la de Gil Blas será de convertir a Luz del Día a sus máximas de mentira. Especie de matrimonio de razón o de cálculo, habrá entre ellos no coloquios, sino razonamientos, es decir, quimeras de un lado, sofismas del otro.

No tardó Luz del Día en tener de visita a Gil Blas, y la primera visita dio lugar a una larga conversación de que daremos un resumen, por el grande interés moral que encierra.

Luz del Día quiso saber desde cuándo y en qué tiempo dejó Gil Blas la Europa, para establecerse en América.

—Yo he venido el último de los míos —dijo Gil Blas—, porque nunca gusté de desmontar selvas salvajes ni guerrear con indios bárbaros. En este punto disentí siempre de Loyola, tan amigo de las misiones, a países salvajes. Yo vivo de la espuma de las sociedades hechas.

—¿Qué le trajo a estos países? —preguntó Luz del Día.

—El instintivo apego a los míos, que andan todos por acá, desde luego.

—¿Quiénes son los suyos?

—Es una manera de decir mi tiempo, mi época, mi sociedad, mi gente, en fin, mis ideas, mis gustos. Aquí está el «antiguo régimen de España» que vino como conquistador, y se quedó y vive todavía de incógnito, como yo y mis amigos, desde que la revolución de América, dio en perseguirlo nada más que por apropiarse sus bienes y poder. Vive bajo el disfraz del nuevo régimen. Aquí, como es regular, gobernamos los vencidos a los vencedores; estos «escriben» leyes, pero se rigen de hecho por las que nosotros «hicimos». Sus constituciones son «escritas»; las nuestras son «vivas» y «animadas». Ellos se hacen «yankees, ingleses, franceses», por decretos; pero en realidad se quedan siempre lo que nosotros los hicimos, «españoles». Nuestra vieja España anda aquí de «incógnito», bajo el nombre de «América independiente».

—¿Hace usted entonces en América la misma vida que en España?

—No enteramente. Aquí hacemos la misma vida, pero en otra escala, en otro terreno, en otra forma. Por ejemplo: yo era sirviente en España, y lo soy en América; pero en lugar de ser el sirviente de un cura, de un médico, o de alguna señora más o menos decente, aquí soy el sirviente del soberano. El amo es diferente, pero mi servicio es el mismo. Mi amo es aquí el «Pueblo Soberano». Pero como todos los amos tienen las mismas flaquezas, yo logro los mismos resultados, por los mismos medios, esto es, por la adulación, la lisonja, el engaño, pero con doble facilidad, con dobles provechos.

«Yo sería un tonto, prosigue Gil Blas, en ocuparme en América de las baratijas y fruslerías, que absorbían mi vida en Europa. Aquí donde todos tienen acceso al honor de servir al Gobierno en los más altos empleos, a la sola condición de no saber desempeñarlos, yo sería un estúpido en ocuparme de adular a curas y a médicos. Me ocupo de lisonjear a mi amo el Soberano Pueblo, que es menos exigente que un simple cura, y paga soberanamente como los Papas Reyes. No hay cosa que no le haga yo creer con tal que sea capaz de halagar su vanidad. Y con tal de contentarle ¿qué me importa saber si el veneno le contenta más que el vino?»

XLII. Recursos de Gil Blas en América

«Yo le sirvo en la política. Se da este nombre en este país a una industria, que es la industria reina para lo que es vivir vida grande y soberana. En la política soy empresario de elecciones, corredor de candidaturas y constructor de presidencias. En una política liberal, como es la de América, los sirvientes sirven libremente; son empresarios que emprenden por cuenta de su amo y para su amo, mediante un largo y liberal estipendio recibido en parte del producto de cada empresa, es decir, de cada elección. Para mí es mejor hacer presidencias, que desempeñarlas. Presidir al Presidente, gobernar al gobernante, conducir al país desde su casa sin ser visto, sin darse trabajo, sin correr riesgo, sin responder de los disparates del Gobierno, es estar a los provechos sin estar a las pérdidas, y no es indigno del buen juicio de Gil Blas. Además, en mi calidad de extranjero, es justo que me contente con el modesto rol de presidir al Presidente.

»Pero no es poco saber buscar y descubrir un presidente gobernable. Generalmente es preciso ir a buscarlo en el interior del país. Después de encontrado y hecho presidente antes de ser elegido, viene el trabajo delicado de hacer creer al amo, es decir, al Pueblo, que él es quien lo ha elegido. Esto es fácil ciertamente para el que sabe que no hay sino seguir el método empleado para engañar a los reyes en Europa. El arte de engañar a un rey es el de engañar a todo soberano, a comenzar por el soberano pueblo, que es el más crédulo de todos, porque se compone en su mayor parte de gentes que no saben deletrear. Se puede decir que sus sirvientes quieren, piensan, aman, aborrecen y gobiernan por conducto de su amo, en vez de que su amo piense, quiera y gobierne por conducto de sus sirvientes. Esta es toda la diferencia entre los soberanos de los dos mundos: los unos gobiernan a sus sirvientes, los otros son gobernados por sus sirvientes. El amo para ser bueno ha de ser el instrumento del criado. El amo moderno, el amo cristiano, es sirviente de su doméstico. Por este contraste raro yo soy aquí un sirviente soberano, por decirlo así, gracias a mi talento y tacto para descubrir los buenos candidatos.

»Las condiciones y calidades de un buey, candidato para el gobierno de mi conveniencia, no son pocas. Debe de tener en apariencia todas las aptitudes del mando; pero en realidad, debe carecer de todas, porque si una sola le acompaña, eso será lo bastante para que nunca llegue al poder. Con el exterior de un gobernante nato, debe ser más gobernable que un esclavo: debe ser un timón con el aire de un timonero; una máquina con figura de maquinista; un carnero con piel de león; un conejo con el cuero de una hiena; un bribón consumado, con el aire grave del honor hecho hombre. Debe ser un mentiroso de nacimiento, y al mismo tiempo debe ser el "flagelo" de los mentirosos, para darse el aire de odiar a la mentira. Debe ser liviano como el corcho, si quiere ser el rey de las ondas, pues si es grave y pesado como el oro, las ondas pasarán por encima de él; las anclas son de fierro, las boyas son de corcho; aviso a los que no quieran ahogarse en el mar de la democracia. El carácter es un escollo, y el vicio de decir la verdad es otro. El que ama el poder y aspira a tenerlo, debe dejar mutilarse la mano, antes que abrirla si está llena de verdades: verdad y poder son antítesis. Gran fama de hombre culto debe tener el candidato, pero jamás llegará al poder si su educación no ha sido hecha ni adquirida por estudio que ha dejado de hacer, en Universidades que dejó de frecuentar, en instrucción y conocimientos que se abstuvo de adquirir. Debe tener el talento de ocultar la verdad, por la palabra y la prensa. La frase gobierna al mundo a condición de ser vacía, porque la frase como la tambora hace más ruido a medida que es más hueca.»

XLIII. Moral de Gil Blas en las elecciones y en la prensa

«He dicho que el arte de elegir un candidato, consiste en persuadir al pueblo que es él quien lo ha elegido cuando en realidad es elección de su sirviente.

»El instrumento de esta inoculación de mi voto en la voluntad del pueblo, para que parezca suyo es la prensa.

»La prensa hace luz, hace tinieblas, hace atmósfera, hace verdad, hace odio, hace amor, hace opinión, es decir, hace la ley y hace el legislador, que el pueblo ve, toca y palpa, sin que en realidad vea, toque ni palpe nada.

»No soy jactancioso, pero creo que no me faltan las verdaderas cualidades para la prensa. Yo creo tener talento natural. Me falta esa instrucción sólida, que es el peor lastre de un periódico, pues basta para echarlo a pique. Mi horror a la verdad (salvo el respeto a la presente) y mi habilidad de contrahacerla. La inteligencia de las armas. Donde escribir es mentir e insultar, la pistola es el complemento obligado de la pluma. La pólvora hace el derecho y la razón. Mi pluma tiene dos cañones, o más bien, es un revólver, pues no solo dispongo de mi pluma, sino también de la pluma de Basilio, que es el cañón Krupp de la calumnia, es la calumnia de dos tiros.

»Sin la calumnia no hay elección posible, porque ella mata moralmente al candidato rival, y hasta esto solo para que el nuestro triunfe como el más digno. A la calumnia de Basilio nada escapa, ni la evidencia, ni la luz, ni los libros. Calumnia al libro en la persona del autor y de este modo le deja sin lectores. Como de bien mostrenco, yo me apodero de sus ideas, me las apropio, las empleo contra el autor mismo, y de este modo los lectores que no lo han leído, me atribuyen la instrucción que yo he robado a las víctimas de mis ilustrados lectores. Como hombre de Roma, Basilio ha aprendido este manejo de los cardenales, que ponen en el "índice" para que nadie lea el libro que ellos quieren plagiar. Sin la cooperación de Basilio, yo no sería nada en la prensa. Saber calumniar, es una ciencia, y es toda la ciencia de Basilio como escritor. Así como la pistola es el complemento de la pluma, así la calumnia es el complemento de la pistola.

»De nada sirve asesinar a su adversario político, si el honor de su nombre ha de quedar en pie. Al contrario, su muerte redobla el poder de su doctrina, y lo que importa, por lo tanto, es matar el nombre después de matar al hombre, con lo cual se excusa y disminuye de paso el crimen de su eliminación. El hombre, sin honor, es un perro inútil y despreciable: matarle es librar a la sociedad de un animal superfluo. Basilio es el doctor Guillotin de las reputaciones. Su prensa es la guillotina del honor.»

XLIV. Los locos de América

«Como Don Quijote emigró también con otros y anda por estos países, abunda en ellos una casta de locos, que sueñan con su Dulcinea, y que para unos es la celebridad, para otros la gloria, para otros libertad; y corriendo toda clase de aventuras por alcanzar sus imaginarias deidades, se hacen dar de palos, se hacen maldecir y desterrar, se dejan matar, por fin, no solamente sin hacer un mal gesto, sino con el gozo estúpido de los mártires. Por la gloria póstuma, la horca los hace sonreír, y con tal de hacerse célebres, poco les importa andar desnudos y morirse de hambre. Lo peor es que esos tontos dañinos pretenden afear y desacreditar a las ocupaciones de que vivimos los hombres como Basilio, Tartufo y yo, que gracias a Dios vivimos ricos y confortablemente por nuestros trabajos profesionales. Y lo que acaba de empeorar la cosa es que consiguen su intento y nos hacen un daño horrible, con solo desdeñar lo que nosotros buscamos y poseemos, y con solo envolverse en sus corazas vaporosas, que llaman ellos honor, probidad, desinterés, patriotismo. Sin necesidad de tener nuestros palacios, nuestros coches y lacayos, nuestros festines, poderes y caudales, ¡esos locos salen a menudo con la suya, haciéndose ver y escuchar y respetar más que nosotros mismos!... Pero nuestro Basilio conoce el arte de meterles en razón, y a fe que lo desempeña con un éxito que daría envidia al mismo cólera morbo. Veinticuatro horas le bastan para dar en tierra con el honor más bien parado y para traspasar y dejar como arrieros esas corazas llamadas probidad, integridad, patriotismo. por los proyectiles de su cañón Krupp, su calumnia de mil libras de calibre. No faltaría más que dejarles morir impunemente a esos locos para hacerles ganar la palma del martirio, como ellos dicen, y seguir dañando desde su tumba nuestros intereses, con ese fantasma de martirio heroico, en que creen a pie juntillo, los papamoscas que forman el pueblo soberano. Basilio se encarga de suprimirlo y de esculpir en su epitafio las palabras ladrón, asesino, malvado, embustero, para que el caminante al leerlas exclamé: "Bendita sea la mano que nos, libró de él".»

XLV. Auxiliares de Basilio según Gil Blas. La familia de Basilio

—Basilio no trabaja solo —prosigue Gil Blas— también tiene una familia, aunque no propia: como la del clérigo católico, se compone de sus hermanas y de sus comadres. Pero le sirve mejor que si fuera propia, porque su acción indirecta es invisible. Es una especie de arma oculta que responde admirablemente a su estrategia de zapa y mina. Tiene, además, la ventaja de no mantenerla, y lejos de eso, la de hacerse mantener por ella, con solo proporcionar a su bello sexo las ocasiones de trabajar y ganar tan honestamente como él. En sus manos hábiles los miembros de esa familia artificial son otras tantas llaves de oro, a que no resisten las puertas de fierro. Sus comadres son dragones irresistibles: como las serpientes, no hay albañal bastante sucio, por donde no se abra paso su coraje industrial.

—Y usted mismo, señor Gil Blas —le pregunta Luz del Día— ¿tiene usted familia propia?

—Si yo no tuviese familia, no podría llenar mi misión en el mundo. Mi familia es mi palanca de Arquímedes.

—¿Es corta? —pregunta Luz del Día.

—Lastimosamente; no se compone sino de quince hijos. ¡Ojalá tuviese treinta, en vez de quince! Mis hijos son mi ejército grande.

—Tendrá usted una gran fortuna para mantener una familia del tamaño de un ejército —dice Luz del Día.

—Ella misma es mi fortuna —responde Gil Blas—; ella me mantiene, lejos de mantenerla yo, y para eso la tengo cabalmente. Y no solamente me da pan, sino también honor, respetabilidad, y hasta inmunidad o impunidad. Ella es mi «palladium», mi pararrayo, mi baluarte. Mis hijos son mi collar de condecoraciones para lo que es imponer respeto y confianza. Con tales seguridades, no hay hazaña cuya responsabilidad me arredre, ni castigo que yo tema. ¿Quién sino un tigre osaría perseguir al padre de quince hijos? El mundo que va al «Jardín Zoológico» o al «Jardín de Plantas» de cualquier país, no se fija ni saca moral alguna, cuando ve que el oso y su compañera se besan y acarician del modo más tiernísimo; y que la tigre, es tan buena madre, que haría pedazos literalmente al que molestase solamente la paz de sus cachorros.

«El tener una familia me permite recibir en nombre de la filantropía, lo que recibo por precio de mis hazañas; pues el corruptor mismo pasa por filántropo a los ojos del vulgo, por sus dádivas hechas en cuenta corriente. Y yo paso por buen padre de familia, cuando recibo y agradezco por ella, en pago de mis servicios profesionales, el pan de que toma una mitad para mí solo, dejando la otra mitad para toda mi familia, de donde nace el contraste de mi gordura con la flacura de mis hijos. Por cierto que esto no es falta de amor paternal en mí, pues como ellos están en la campaña y nadie los ve y yo tengo que vivir en medio de todo el mundo, necesito ser y parecer agradable y estar siempre de buen humor, porque los tristes y los serios causan horror en el mundo. De este modo, si yo engordo, engordo a la salud de mi familia, no a mi salud como un egoísta.»

XLVI. La guerra-industria. El cañón electoral

«Pero es otra mi varilla mágica para persuadir a mi amo el pueblo, de que mis candidatos son sus candidatos y de que las elecciones que yo hago, son elecciones que él hace: este talismán es la "espada", y el arte de aplicarla es la "guerra". Mi pluma y los globos de jabón, que saco del cañón de mi pluma; la familia y las puertas falsas y ocultas que me abre la santidad de la familia, valen mucho, sin duda, como utensilios para construir una candidatura y una presidencia lucrativas, pero nada más eficaz y concluyente que mi cañón electoral, aunque no sea de acero. Este cañón no excluye el uso del cañón Krupp de Basilio, que es la calumnia, pero completa y termina su obra de construcción.

»La voluntad soberana del pueblo no sabe no querer al que ha vencido por la espada, y en sus simpatías, no se confunde jamás el Sol que nace con el que se pone, aunque los dos se toquen con el horizonte de la tierra.

»Yo tengo todas las cualidades del soldado electoral, por decirlo así, pues para mí la guerra, sea civil o sea extranjera, no tiene sino dos objetos: ganar una batalla y tomar el poder por la victoria; por el poder, ganar una fortuna. Yo no tengo lo que más perjudica al soldado, que es la ciencia militar; yo no he perdido el tiempo en las escuelas del "Estado Mayor". Yo estoy libre de otro defecto, que es un escollo en el guerrero formado para mi guerra, es el coraje. Yo lo suplo por la maña, o más claro, por el fraude, que no es más que una especie de maña.

»Yo soy maestro en la ciencia del fraude en la guerra: el derecho de gentes, no es otra cosa que la sanción de mi ciencia (no se escandalice usted), que tiene por bases la mentira en los motivos y miras de la guerra; la mentira en las armas; la mentira en la lucha y en la victoria; la mentira en la tregua; la mentira en la paz, en la amnistía, en los tratados y en la fe de los tratados.

»En virtud del derecho de la victoria, es decir, del derecho del hecho, según el cual el muerto es bien muerto, por el hecho irremediable de estar muerto, toda elección por el hecho de estar hecha es legítima y válida, aunque en vez de "elección" sea "imposición" o coacción; aunque los electores hayan sido de cartón en vez de ser de carne y hueso; aunque el elegido resulte ser un gato, cuando se contó elegir una liebre, pues si el gato no puede entender ni servir los intereses de las liebres, debe, sin embargo, gobernarlas por el hecho de estar elegido su presidente. Si una sola elección es anulada, se corre el riesgo de tener que anularlas todas.»

—Y si una sola mentira es sancionada —interrumpe Luz del Día— ¿será preciso sancionar todas las mentiras? Yo creo que lo acertado es no esclavizarse a tales reglas, y sancionar la verdad cuando es verdad, y revocar la mentira cuando es mentira —agrega la interruptora.

—Yo, que no soy la verdad en persona, pienso naturalmente de diferente modo —prosigue Gil Blas—. Como el hecho consumado es el derecho, todo medio es legítimo para consumar el hecho en materia de elecciones. Desde que una elección es un hecho consumado, dejan de ser crímenes los asesinatos, los cohechos, los fraudes, las calumnias por cuyo medio se ha convertido en hecho esa elección.

«Además de la guerra pública, yo practico esa guerra industrial o combate singular, que se llama "desafío", por vía de expediente electoral. Es un gran recurso en ciertos casos el asesinato en forma de duelo; saber ser un asesino en forma de caballero, y saber matar en nombre del honor privado ofendido sin ser herido, al que puede ser obstáculo de la candidatura que debe elevarnos al poder. Ganar la infamia por un asesinato, es de los matadores vulgares y groseros; pero cubrirse del honor del caballero, a título de asesino, eso es de los hábiles como el señor Gil Blas su atento servidor.»

XLVII. Aventura de Gil Blas en casa de Luz del Día

—«Después de la alianza de Basilio —prosigue Gil Blas— otra alianza me es indispensable en mi carrera de escritor: es la alianza de la "Verdad".»

—¡Cómo! —exclamó Luz del Día—. ¿De qué puede servir la verdad al que triunfa por la mentira?

—De mucho, de muchísimo. Desde luego, no se puede saber mentir sin conocer la verdad, pues la mentira no tiene poder ni autoridad cuando no se parece a la verdad. En este sentido, soy perfectamente sincero en el alto aprecio que tengo por la señora Luz del Día, y en el verdadero interés con que busco su relación tan útil e indispensable para mí. Necesito conocerla bien, para saber evitarla con más acierto y eficacia; en segundo lugar, necesito conocerla a fondo, para falsificarla a la perfección. No puede hacer un buen billete falso, el que no estudia perfectamente un billete verdadero. ¿Cómo sin conocer a la verdad, se puede componer la mentira de la verdad?

—Pero eso no es lisonjero para mí —observa Luz del Día— y al contrario, me es nocivo.

—No lo es en tanto grado —responde Gil Blas— si la señora Luz del Día quiere compensarse de ello, estudiando por su parte a sus espías, y aprendiendo a conocer a sus falsificadores. La Verdad no puede perder jamás en ser conocida, cuando no tiene aspiraciones al Gobierno.

—Esto se contradice un poco con las máximas que Gil Blas ha emitido otras veces, sobre el riesgo que yo correría en este país, si llegase a ser conocida bajo mi incógnito. Confieso que no puedo creer en los prodigios que Basilio y Gil Blas se jactan de producir por medio de la mentira.

Gil Blas se dispone a partir, porque suena la hora de media noche; pero llueve a torrentes desde hace dos horas y todo hace creer que la lluvia será de toda la noche.

¿Qué hacer? Tomar un cuarto en el hotel para el señor Gil Blas. Pero no le hay, pues el hotel está colmado de pasajeros. Son ya las dos, y la lluvia no tiene aire de calmar. Coche a estas horas es imposible hallar. Aquí hay un sofá bien ancho, dice Luz del Día, en que puede Gil Blas pasar la noche vestido, como en su tienda de campaña, militarmente.

—Pero, ¿qué dirán?...

—¿Qué pueden decir? ni ¿qué importa lo que digan? Usted sabe que en mi calidad de Verdad, yo no tengo sexo, y que con tal que yo esté bien conmigo misma, poco me importa que los otros se engañen en mi contra —dice Luz del Día.

XLVIII. Otra aventura horrible de Luz del Día

Al día siguiente, después de hacerse servir café en la propia habitación en que habían dormido Luz del Día y su huésped, se despidió éste y salió sin hacer el menor misterio del modo y lugar en que había pasado la noche.

Pero a eso de las dos de la tarde recibió Luz del Día la siguiente carta del propietario del hotel:

«Muy señora mía:

«Un escándalo en una casa de esta especie, es igual a un caso de cólera o de fiebre amarilla: causa de pánico, deserción general y ruina. Todas las personas que habitan este hotel han sabido que anoche ha dormido en la habitación de usted un caballero de este país, muy conocido como respetable padre de familia, lo cual ha causado un escándalo indecible, pues acusan a usted de haber seducido la inexperiencia de un hombre honrado, y expuesto su familia al escándalo de un pleito de divorcio, que no dejaría de refluir de un modo desastroso sobre la casa, que ha servido de teatro al adulterio. Yo no pretendo examinar la moral de su conducta, ni la realidad del hecho que se la imputa; pero me basta que la imputación exista, para que mi establecimiento esté amenazado de ruina, como lo está, en efecto, desde que me han intimado todas las damas honradas que lo habitan, que si usted no le deja hoy mismo, ellas lo abandonarán inmediatamente para establecerse en otro hotel, donde no haya señoritas solteras que hagan dormir en su propio dormitorio a hombres casados. Yo espero que usted será bastante generosa para dispensarme de más insinuación, dejándole entera a usted misma la iniciativa y espontaneidad del partido que la prudencia más obvia la señale como indispensable.»

Luz del Día comprendió que su expulsión de la casa no podía ser más terminante, ni más moderados los términos de la intimación, pero no sabía explicarse cómo había podido ser conocido el hecho en todo el hotel, cuando Gil Blas había partido a las ocho de la mañana, hora en que todo el mundo dormía; y no era de suponer que el mozo que sirvió el café, único conocedor del caso, lo hubiera divulgado en daño del hotel. Tenía razón en sospechar la injerencia de una mano oculta, que más tarde será conocida.

Entretanto, Luz del Día hizo llamar al dueño del hotel, a quien habló en estos términos:

—«Señor mío, el verdadero modo de defender el honor de un establecimiento, es defender el honor de los que le habitan. El cólera y la fiebre amarilla son hechos que se ven y tocan; pero nadie ha visto que yo haya dormido con un hombre.»

—«En achaques de honor, señora mía —replicó el hotelero— sobre todo, respecto de una dama, la verdad y la realidad son nada; la apariencia es todo. Aunque usted fuera la verdad en persona, yo respetaría más la mentira si fuese apoyada por la opinión pública.»

—«La opinión no puede hacer que yo haya violado la moral: la opinión me calumnia» —dijo Luz del Día.

—Pero, ¿qué calumnia cabe, mi buena señora, en este caso en que una mujer soltera ha pasado toda una noche encerrada con un hombre en su dormitorio?

—¿Y qué diría la opinión, si ella supiera que yo no soy una mujer? —dice Luz del Día.

—Tanto peor para su posición —fuele replicado— si probara usted que era un hombre, porque entonces la harían dos acusaciones, de falsificar su sexo y de tener relaciones sodomíticas con hombres.

—Es que tampoco soy un hombre. Puedo decir que no tengo sexo.

—Todo eso carece de seriedad, señora, y hace dudar hasta de su entero juicio. Si no es usted hombre ni mujer, la dirán que es usted hermafrodita, es decir, hombre y mujer a la vez, lo cual la condenaría a no tener relación con nadie, pues las señoras la celarían con sus maridos, y los maridos con sus señoras; y por lo que a mí toca, mi casa sería desertada no solamente por las damas, sino por sus maridos, que viven en ella.

Luz del Día observó entonces que, tratándose de un hecho que tan directamente interesaba al honor del señor Gil Blas, era justo suspender toda resolución final hasta no hablar con él.

Apenas acababa de pronunciar estas palabras, cuando se presentaron como un tropel, no solo Gil Blas, sino, con él, todos sus amigos: Tartufo, Basilio etc., diciendo como en coro:

—«Ya conocemos el rumor, y para protestar contra su injusticia, sin discutir vidas privadas, venimos a oponer la opinión a la opinión. Nosotros sabemos a quién defendemos, la gente de este hotel no sabe a quién acusa. Prevenimos al dueño de este establecimiento, que si la señora Luz del Día es obligada a salir de él, iremos cada día con todas nuestras familias a repetir nuestras visitas de respeto a Luz del Día en su nuevo hotel, y bastará este solo hecho para ponerlo de moda y llenarlo de concurrentes.»

El hotelero, que conocía todo el peso de opinión con que contaba este grupo de notabilidades del país, se inclinó repitiendo:

—Me basta, me basta, y pido perdón a la señora Luz del Día, por la imprudente carta que me apresuro a retirar respetuosamente de sus manos.

¿De dónde venía el celo de estos grandes bribones, para conspirar con tanto calor en defensa de la verdad personificada? Ya se ha dado la razón sencilla de este fenómeno. Todos ellos cortejan a la verdad, porque todos ellos practican la mentira. Para falsificar la verdad con perfección, es preciso conocerla de cerca. Para conocerla es preciso frecuentarla. Para frecuentarla es preciso servirla, serla útil. Para serla útil, es preciso practicarla hasta cierto grado. De modo que Tartufo, Gil Blas y Basilio no son lo que son en su poder de embuste y de mentira, sino porque, hasta cierto grado, dicen y practican la verdad. Su verdad es una verdad de vellón, con 70% de cobre; es cobre dorado: oro falso, que ellos cambian a la par, por oro verdadero, gracias a su felonía. ¿Quién había suscitado todo aquel tumulto? Uno de los tres amigos de Luz del Día allí presentes, el amable Basilio, que se disculpó del hecho del modo siguiente: Dijo que mientras Gil Blas estuvo de visita el día anterior en la habitación de

Luz del Día, llegó él al hotel y allí lo supo. Según su costumbre, que es de su oficio, quiso saber de qué conversaban sus amigos, y se hizo colocar clandestinamente en el cuarto inmediato, para oír la conversación, como lo consiguió; al final de ella, entendió a Luz del Día, poner en duda la capacidad de él (de Basilio), para hacer los prodigios de que se jactaba, por medio de la mentira, y que chocado por esta duda, que lo hirió en su amor propio profesional, quiso darla una nueva prueba práctica de su error, jugándola al efecto esta nueva mano, pero más pesada y feroz que la anterior, pues al punto negro que dejó en su opinión la prisión chancista por el billete falso, se agregaba ahora, el que la infligía el rumor que quedaba persistente, sobre su pretendido hermafrodismo. Hasta en sus entretenimientos, Basilio es inseparable de la mentira.

Su buen natural, juega con la calumnia, como el perro con los dientes; y por vía de entretenimiento, mancha a los que toca, hasta para hacerles caricias.

Segunda parte

I. Cansada de bribones Luz del Día busca los viejos caballeros españoles en América. Noticias de don Quijote

Cansada ya de bribones, Luz del Día empezaba a suspirar por encontrar allí algo de la España caballeresca, que no podía faltar en un mundo descubierto y poblado por España, en la época de su mayor esplendor, y casi rayana de sus tiempos heroicos. Ella recordaba haber oído que don Quijote y Sancho, y el Cid y Pelayo, habían también venido a la América como emigrados, y que se habían establecido y debían existir todavía en su suelo. Daría uno de sus ojos Luz del Día por dos horas de sociedad con Sancho Panza, cuando menos, es decir con la ingenuidad o la malicia candorosa del rústico. Pero ésos también deben andar de incógnito, se dijo Luz del Día.

Ella sabía que todas las Españas andan en las Américas, pero en diverso traje, con disfraces de ingleses y franceses, hablando lenguas extranjeras, para hacerse inconocibles. ¿Cómo dar con ellos? ¿Cómo sacarlos de su disfraz? ¿Quién sabe, se decía Luz del Día, si alguno de estos sirvientes galoneados, que veo en esta monarquía disfrazada ella misma de república, no es el escudero Sancho Panza? ¿Quién sabe si alguno de estos generales de la república no es, bajo el incógnito, don Quijote o el mismo Cid Campeador, o don Pelayo? ¿Preguntaré por ellos a alguno de los truhanes que he tenido la desgracia de conocer hasta hoy? Es posible que ni relación tengan con ellos, a pesar de ser compatriotas. Pero cuando me tratan a mí misma. ¿por qué no tratarían al honor, es decir, al Quijote, al Cid para falsificarlos mejor, como ellos dicen? ¿Me dirigiré a Tartufo, el más malo de todos ellos, para saber de esos viejos y nobles tipos? ¿Pero guardará relación con don Quijote, que apaleó de boca cuando menos, a los clérigos?

Un día, en efecto, quiso verle con ese objeto y le reveló su deseo. Como era de esperar, Tartufo que tenía por especialidad el cultivo y ejercicio de falsificar todo lo que es honor y generosidad, no pudo haber dejado de cultivar a don Quijote y al Cid.

—Pero ¡Tartufo no es soldado!

—¡Bah! ¿Y por qué no? Basta que no sea soldado, para que pretenda serlo. Su esencia es la simulación. Será la mentira del soldado con la mentira del valor.

Luz del Día recordó el ofrecimiento de Tartufo, de hacerla conocer en sus salones a muchos personajes célebres, si alguna vez la ocurría venir a las horas que siguen al almuerzo. Las horas de comer, son las horas de visitar de esos señores.

El día que Luz del Día se presentó en los salones de Tartufo, dio la casualidad que ninguno de esos personajes se encontrase allí. Pero Tartufo que acogió con mucha gracia la visita y la solicitud de Luz del Día, los conocía a todos ellos, a todos los cultivaba y de todos podía darla noticias, como desde luego empezó a verificarlo, cuidando previamente de advertirla que no tenía sino indirectamente las noticias de Quijote y de Sancho, que iba a darla, pues siempre evitaba el trato inmediato de esos dos sujetos, que aunque muy útil por lo que tienen de socarrones en medio de su franqueza aparente, y mucho había que aprender de ellos en disimulo, era sin embargo incompatible su natural indiscreción, con las exigencias de la posición grave y delicada de Tartufo; que la daría por tanto, el eco de la crónica corriente acerca de esos sujetos.

Principió por advertirla que todos ellos estaban inconocibles en tal grado que no necesitaban de incógnito, sino para no verse desdeñados por inútiles. Como son los emigrados más antiguos y más españoles, por decirlo así, son también aquellos en quienes ha ejercido más fuerte influjo el régimen de América.

—El «nuevo régimen» los ha perdido enteramente, porque ellos lo han tomado a lo serio, como crédulos incurables y simples que son por naturaleza, dice Tartufo.

«Don Quijote ha hecho de la libertad su Dulcinea. Digo mal en llamarle "don", porque como se ha hecho republicano, ahora se firma "Quijote" liso y llano. Leyó en los libros y en los poetas de la caballería americana, las proezas de un San Martín y de un Bolívar, y porque ellos conquistaron la independencia o la libertad exterior del país a punta de sablazos, Quijote ha descubierto que él podía conquistar la libertad interna, o el Gobierno del país, por el país a punta de lanza. Se comprende que a sablazos se eche del país a un dominador extranjero en un solo día, por el efecto de una sola batalla victoriosa; pero solo a un loco le ha ocurrido, que a sablazos puedan extinguirse las tinieblas y la ignorancia de la cabeza de un pueblo, que ignora radicalmente el gobierno de sí mismo, en que consiste la libertad moderna. Tal batalla es más loca que la que tuvo con los molinos de viento en España.

»Don Quijote no nació para entender esas distinciones. Sin dejar de ser siempre el mismo loco, en América se ha vuelto un loco pillo, un loco especulador; le ha tomado a Sancho un poco de su locura astuta de escudero, así como Sancho le ha tomado a él, un poco de su locura de caballero. Es la influencia de la democracia, que los ha igualado y acercado más y más de condición social.

»Don Quijote ha creído que el modo de introducir la libertad interior en Sudamérica, era dejarla sin liberales, por esta razón, que no es mala del todo, a saber: que los liberales mentidos son el mayor obstáculo de la libertad verdadera. Pero él olvidó que matarlos no es educarlos, y que enterrar la licencia, es enterrar la libertad. Pero ¿es capaz don Quijote de matar de veras a hombre alguno? El mata carneros y vacas que toma por enemigos de la libertad, porque los carneros y las vacas no entienden de votaciones, ni de discusiones parlamentarias, ni de opinión libre en los negocios de la estancia a que pertenecen; sin embargo, como loco pillo, no se descuida en vender los cueros y la carne salada de sus enemigos muertos, y en guardar el dinero que recibe, para no tener que vivir siempre de aventuras. Quijote así, ha perdido todo su lustre; se ha hecho prosaico, calculador, común, egoísta, sin dejar ser el mismo loco; si ve apalear a una mujer, él mismo ayuda a apalearla, lejos de defenderla, siempre que la cosa le ofrece algún provecho. Ha tomado a Sancho mucho de su villanía de resultas de la república, que ha igualado a los amos con los criados.

»Sancho por su parte se ha hecho insoportable con sus pretensiones de hacerse un caballero igual a otro caballero; invocando la democracia, se ha dado a elegante, a hombre de gran mundo (porque también hay gran mundo en las repúblicas); se ha puesto peluca colorada y lleva corsé, lo cual le hace sudar y bufar como una máquina de vapor, con una libertad que él llama democrática. Sus ventajas de republicano han puesto celoso a don Quijote, que no puede ocultar su ojeriza al viejo escudero insolentado. Este advenedizo caballero ha llevado su impertinencia hasta ofrecer un empleo a sueldo en su casa a su antiguo señor. Pero es indudable que Sancho ha ganado y es más feliz en América que don Quijote: lo pasa mejor y tiene mayor aceptación;

sus cualidades son más americanas, por decirlo así, en el sentido que son más democráticas.

»Sancho se ha entregado a la política, como la industria más lucrativa; es una nueva forma de su vieja industria de escudero. El comercio de votos, la agencia de electores, las empresas electorales para las presidencias, que aseguran empleos lucrativos, la formación de "clubs", la organización de convites y bailes por suscripción, son ramos de su tráfico especial; pero su rol es secundario siempre en ellos; es el del revendedor; el del que negocia por segunda mano: especie de judío vulgar y oscuro, calculador y logrero, más que su viejo patrón, se interesa en el Gobierno, no por el brillo, sino por el dinero y por los beneficios anexos al Gobierno.»

II. El Cid. Don Pelayo. Noticias de estos emigrados

«En cuanto al Cid Campeador, a don Pelayo y a esos generosos y ásperos guerreros de la España caballeresca, emigrados en América cuando terminaba la guerra de los moros y cuando los infieles del mundo de Colón tomaban el papel de estos últimos, pocas son las noticias que Tartufo puede dar a Luz del Día. Ellos son como extranjeros a las ciudades formadas por el comercio moderno en Sudamérica, casi siempre judaico y protestante por índole. Se han quedado en las montañas, en las campañas desiertas, en las soledades mediterráneas del nuevo mundo, que les recuerdan, tal vez, mejor los bellos días de sus primeras proezas de América contra los salvajes infieles, que la poseían antes de la conquista.

»En la guerra de la Independencia tomaron su parte, sin duda, pero fue para defender la libertad que adquirieron de vivir sin sujeción a nadie, ni a su mismo soberano. Defender la independencia de América fue para esos vetustos y célebres caudillos tomar entre sus manos lo que creían ser su propiedad personal por haber sido ellos el instrumento inmediato de su conquista hecha por los reyes de España; fue reemplazar al rey en el gobierno de lo que, a sus propios ojos, era más bien un reino de ellos mismos.

»Tal fue la alteración y degeneración que la América desierta produjo en los campeadores o campesinos del tiempo de la conquista de América, quedados en sus desiertos como colonos. Sus caracteres presentan una mezcla incomprensible de grandeza y de barbarie, de crimen y de heroicidad. Así es que de un lado tienen adoradores y secuaces fanáticos, y del otro violentos e implacables enemigos, siendo generosos y desinteresados las más veces, tanto sus amigos como sus enemigos. La dominación bastarda de la España, los llamó caudillos insurgentes; otras dominaciones posteriores, no menos bastardas, sin embargo de surgir de la tierra misma, les conservaron la misma ojeriza.

»Me guardaré de insinuar que esos caudillos de Sudamérica sean la continuación del Cid Campeador al pie de la letra; pero si el Cid se encontrase todavía en América bajo algún incógnito o tan bastardeado que no estuviese conocible, por cierto que no habitaría en los lugares donde viven los Gil Blas y los Basilios, con cuyos hábitos de refinamiento y sibaritismo no tienen punto alguno de analogía.

»La América y su régimen moderno han cambiado al Cid como nos han cambiado a nosotros mismos, prosiguió Tartufo aludiendo a él y a sus amigos. El Cid ha degenerado, como han degenerado todas las especies emigradas de la Europa, desde la especie humana, hasta la especie bovina; desde Don Quijote, hasta su rocinante; desde Sancho, hasta su jumento. El suelo desierto tiene una acción embrutecedora, como el suelo cultivado y poblado tiene una acción civilizadora. Así los Pelayos y los Cid de la América del Sur, se han vuelto flojos, perezosos, sedentarios; se han acanallado por efecto de la democracia, y han cobrado un apetito desordenado de los bienes del prójimo. Tienen mucho de "comunistas", tal vez por lo que deben a Loyola de su educación primera. Como campeadores, los Cid de Sudamérica son de condiciones campesinas, héroes rurales, que Luz del Día no podría conocer en las ciudades, porque solo habitan las campañas y las poblaciones interiores y apartadas. Nuestros Cid de las ciudades son verdaderas caricaturas de baja comedia. Hacen sus campañas sin levantarse de su sillón, o alrededor de los salones. Su lanza es la frase, con que traspasan el globo terráqueo, como si fuera el globo de una naranja. Hacen sus expediciones alrededor de un periódico, tendidos en un sofá, quemando cigarros fragantes más que cartuchos de pólvora. Cantan al viejo Cid y sus hazañas, pero se guardan de imitarlas por no profanarlas, dicen ellos.»

III. Noticias sobre Fígaro y don Juan Tenorio

«Más fácil, dice Tartufo, sería dar con Fígaro y con don Juan Tenorio, para lo que es tratar gentes amables y galantes. Pero Luz del Día ni me ha preguntado por ellos, dice Tartufo.»

—Es que de pillos estoy atosigada —respondió ella— ni tampoco es mi ánimo ver toda entera a la España establecida en América. Por lo que llevo visto, estoy convencida de que para encontrar tales tipos, no es necesario buscarlos; ellos mismos le salen al encuentro al que desea evitarlos.

—En efecto —dice Tartufo— los Tenorios no hacen papel en América, y la primera razón de ello es que son multitud. Aquí don Juan, no sería ya don Juan, sino simplemente Juan, igual en todo a miles de otros Juanes, pero todos con los mismos derechos contra las doncellas, que se daba el héroe de la leyenda española. Haciéndose multitud, el héroe ha descendido más todavía en el nivel y tono de sus hazañas. La seducción baja y sin brillo; sin lances, sin peligros, sin arte, hipócrita y aleve, que hace sus robos al favor de la amistad empleada como llave falsa, para abrirse las puertas más sagradas del santuario doméstico: tal es el Tenorio bastardeado por la influencia de la vida americana y de la democracia en particular.

«Todos los Tenorios, se tratan unos a otros como iguales; es decir, que cada uno trata a los otros como será tratado él mismo a su turno. Cada uno a su turno es verdugo y víctima. La mitad primera de su vida es empleada en afrentar a sus mayores; la segunda mitad en ser escarnio de los más jóvenes. La familia se vuelve en melodrama, en vez de ser la escuela del orden social. Tal vida puede ser divertida; pero la diversión es la del festín del Convidado de Piedra, de que los don Juan de toda especie deben guardar memoria.»

—Llega uno a dudar de que sea Tartufo el que pronuncia esas palabras —dice para sí misma Luz del Día—. Pero, ¿sería Tartufo si no hablase así?

IV. Papel de Fígaro en Sudamérica

—Por lo que toca a Fígaro —dice Tartufo— la cosa es diferente, como convendrá Luz del Día. Fígaro es el reverso, la antítesis de Basilio, sin ser por eso la virtud. Si el uno es la intriga en favor del despotismo, el otro es la intriga en favor de la justicia. Los dos intrigantes expresan el antiguo régimen, y a este título los dos viven de incógnito en las Américas del siglo XIX. Pero aquí el terreno de sus intrigas es más vasto. No es, como fue en Europa, la familia propiamente dicha; es el de esa otra gran familia que se llama Estado; es el terreno de la política, no el terreno del amor, o al menos es el del amor de la libertad, no el amor de la mujer. Si tuviese que ganar su vida en la venta de mujeres, Fígaro se moriría de hambre en América, porque la libertad de ese comercio ha hecho de todo sirviente negro y viejo, una especie de Fígaro.

«El conde de Almaviva, para Fígaro en América, es el pueblo oprimido y explotado por los tutores, que quieren desposar a su víctima contra la voluntad de ella. Su Rosina americana, es la libertad en pupilaje. Su Bártolo, es el gobierno vetusto y opresor, que tiene en tutela a la libertad y vive de su explotación. Basilio es el hombre de los Bártolos que vive del despotismo; Fígaro es el hombre del conde de "Alma-América" y de la libertad, que es la Rosina a quien su amante soberano busca para esposa. Fígaro es el feliz patrón de estos santos amores. Por esa razón no puede ser desagradable para Luz del Día, pues sus intrigas deben tener a sus ojos la disculpa del objeto. Es cierto que esto basta para que Basilio redoble su rencor a Luz del Día.»

—Eso es verdad hasta cierto grado —dice Luz del Día—; pero la intriga, aunque sea noble en su objeto a veces, es al fin intriga y falsedad, y en este sentido, Fígaro mismo no me llena del todo. ¿En qué disfraz vive Fígaro en América? —pregunta Luz del día.

—Tiene varios —responde Tartufo— aunque todos pertenecen a la política; los principales son, de escritor, publicista, diputado, orador, hasta soldado, hasta médico, hasta clérigo, cuyo último disfraz tiene para él la ventaja de evitarle toda confusión con Basilio, que ha colgado la sotana. Su barbería política es la prensa, donde hace la barba a todos los Bártolos, para dar facilidades al contacto de la Libertad con el pueblo. Luz del Día tiene razón: en los países libres no hay Fígaros, porque no hay Bártolos. Fígaro es un triste pero necesario soldado de los pueblos menores de edad, aunque soberanos, que viven en tutelaje compatible con la soberanía, así en lo político como en lo civil. Fígaro es el liberal favorito de Sudamérica. Es la crítica consolatoria del mal que no se puede remediar de pronto. En los Estados Unidos falta Fígaro porque allí no hay Bártolos. Bártolo habita en la América pupila por excelencia, que es la «América Hispano-Latina», bajo el incógnito de gobierno y gobernante. Si no hubiera pueblos menores de edad, en la inteligencia y manejo de sus propios destinos, no habría Bártolos, ni Basilios, ni Fígaros, ni condes de Almaviva, ni comedias de libertad. La vida política, que es toda una comedia, cuando los pueblos son menores de edad por su inexperiencia, sería una realidad en Sudamérica, como lo es en la América del Norte, si el pueblo en el Sur, estuviese tan maduro como lo está en el Norte. Si es verdad que la comedia, como espejo de la vida, corrige las costumbres, y sirve a la educación de los pueblos, Fígaro es una especie de monitor de la América «libre de palabra», que espera serlo «de hecho».

V. Encuentro de Luz del Día con Fígaro

Un criado, en esto, anunció la visita de un escritor afamado. A su aparición, exclamó Tartufo: «Hablando del rey de Roma, luego asoma».

—«Por la regla —añadió el visitante— que todo es maravilla en el que es de Sevilla.»

Introducido Fígaro a Luz del Día, dijo que ya había tenido el honor y el sentimiento de oír hablar de la señora, con motivo de dos incidentes ruidosos.

—Los menciono —agregó presto Fígaro— porque son para mí dos títulos de recomendación y simpatía respetuosa en favor de la señora, conociendo la mano que los preparó. Fígaro y Luz del Día, como hermanos en su horror a Basilio, simpatizaron en el acto, y sin embargo de todas las inconsistencias del enemigo de la calumnia, fue su contacto la ocasión del primer gusto que tuvo Luz del Día, desde su llegada al nuevo mundo.

Tener que consolarse con el contacto de un tunante, aunque amable y bueno, era una desgracia para Luz del Día, y una razón para que empiece a sentir el deseo de reemigrar de América. Apercibido de esto y de los motivos que tenía Luz del Día, para abstenerse de ofrecer sus servicios de institutriz en las casas de educación, Fígaro la aconsejó que no dejase la América sin ensayar el efecto de una conferencia pública, a la que sus lances conocidos darían mayor incentivo, lejos de perjudicarla.

—¿Sobre qué punto —preguntó Luz del Día— podría yo hablar ante un público y en un país que no conozco?

No hay más que uno solo para todo el que quiere hacerse escuchar en América: es la Libertad, como tema de disertación. Con tal y siempre que no se trate de su ejecución y práctica, todo el mundo es fanático por la libertad ideal y platónica; por esa libertad que no se ve ni se palpa, que no se usa ni practica. Cuanto menos real, tanto más ilusoria. Como a la mujer, para amar la libertad con fanatismo es preciso no poseerla. La libertad entendida a la inglesa, es decir, como carga, como trabajo público, como contribución de plata, de sangre, de cuidados, de tiempo, de labor, es la prosa más detestable en esta América de poetas y de cantores. El liberador que la diese a sus compatriotas, sería asesinado por ellos en reivindicación de sus ilusiones de esclavos, que viven cantando su adorada libertad eternamente ausente o cautiva.

Agradecida de la sugestión y dispuesta a realizarla, Luz del Día manifestó a Fígaro el deseo de recibir de su experiencia la comunicación de algunos datos prácticos sobre la condición real de la libertad en Sudamérica, que pudieran serla útiles para tener una conferencia pública. Ya era mucho consuelo para Luz del Día, el saber que la libertad es amada, aunque no poseída ni conocida. El amor es un paso a la posesión. Si su imagen es dulce, su posesión lo es más; todo está en enseñar al pueblo, las condiciones necesarias, no solo para conocerla, sino para poseerla. Para esto necesito estudiar las causas que hoy hacen existir a la «libertad sin liberales», y yo creo que nadie debe conocerlas mejor que el redactor del periódico que lleva este título, y no es otro que Fígaro.

VI. Condición de la libertad en Sudamérica, tratada en conversación de Luz del Día con Fígaro

Tartufo no debía estar presente en la conversación que deseaba tener Luz del Día; y Fígaro, previendo esta necesidad, pidió a su interlocutora la indicación del día en que podría él tener el honor de visitarla con ese fin, si ella lo aceptaba, como lo aceptó para la mañana siguiente en casa de Luz del Día.

La conversación de esa mañana fue toda del más vivo interés político. Toda ella versó sobre la cuestión de saber cómo vive la libertad en la América del Sur. Casi en todo el coloquio fue Fígaro quien tuvo la palabra.

—Desde luego —dijo él— no puede pretenderse que la libertad vive en Sudamérica, sino como vive el que duerme; una vida en suspenso, en una especie de letargo; es la libertad del que no tiene pies, ni manos, ni ojos, ni oídos. El país a quien esa libertad pertenece es libre con esta sola limitación, de no poder usar de su libertad indisputable. La América felizmente no aspira a otra cosa por ahora: le basta para ser feliz, tener idea de que es libre, y tiene razón, porque es la sola libertad de que es capaz por ahora. Con tal que la libertad le pertenezca y sea su propiedad confesada por el gobierno, poco le importa que en realidad otro se la guarde y posea. Esta no-posesión, no es, a sus ojos, un desmentido de su derecho a ser libre. Con tal que la libertad sea exclusiva del pueblo, poco le importa que sea el pueblo el único que no la practique ni posea. No por eso la libertad vive tranquila en Sudamérica. Aunque impotente y confinada en la inacción, ella vive disputada por dos clases de enemigos o pretendientes, a saber: los bribones de un lado y los imbéciles de otro. Los unos la explotan so pretexto de servirla, los otros acaban de arruinarla so pretexto de defenderla. El jefe de los primeros, siento decirlo, es nuestro amigo Tartufo; el de los segundos, es nuestro Don Quijote.

«Quijote ha empeorado en América; se ha hecho más loco y menos amable, porque sus aventuras son en otro terreno que dista mucho de la comedia divertida. En Europa tomaba los molinos por gigantes, aquí toma los carneros por ciudadanos libres. Allá daba lanzadas a los odres creyéndoles vivientes; aquí decreta hombres libres, forma municipales, hace legisladores y electores por la mera virtud de sus decretos escritos. En España se creía un héroe, en América se cree un Dios. —"¡Que la libertad sea!" —dice aquí, como el que dijo: "¡Sea la Luz!" —y el loco queda creído que la libertad ha nacido y es un hecho, porque existe su decreto escrito, que la ordenó nacer y existir. Como decreta la libertad, Quijote decreta la victoria, es decir, la fuerza, la inteligencia, el poder superior, el acierto, de que es un efecto la victoria. Todo eso es para él la obra de su palabra; con tal que esa palabra esté escrita en papel oficial y en forma de decreto, la libertad y la victoria son hechos. Al que ha nacido de españoles, y es español de raza, de repente lo decreta inglés o "yankee", y desde ese día lo tiene como a tal, aunque siga hablando español, viviendo como español, siendo de hecho español de raza, sin entender del inglés ni jota. El suprime la historia del país y la complexión o constitución social, que el país debe a su historia secular, por un decreto en el cual ordena que lo que ha sucedido, no sea lo que ha sucedido, sino lo que ha dejado de suceder. Así él deroga la constitución, o construcción, o forma, o temperamento, o estructura, que el Estado ha recibido de los hechos que forman la historia de su vida, por un mero golpe de pluma; y decreta por el mismo acto para su país de constitución o complexión hispanoamericana, la constitución o complexión de un país de Norte América, que es la obra natural de los hechos que forman la historia angloamericana. Cuando de un ocioso o de un poltrón hace, por un decreto escrito, un municipal inteligente, laborioso y activo, poco le importa que el poltrón siga siendo poltrón, desde que en el decreto escrito, el poltrón existe como un municipal de Inglaterra o de Alemania, en actividad e inteligencia. Peor para el municipal recalcitrante si, conforme al decreto, no arroja lejos su pureza e ignorancia desde el día de su promulgación.

»No hay quién disuada a Don Quijote, de que un decreto escrito no es, por sí solo, una "institución", es decir, no es un hecho real, solo porque nadie puede negar que el decreto está escrito, y que es un hecho escrito, aunque no es un hecho vivo. A sus paisanos de origen y raza española, un día les deroga como tales, y en vez de españoles, los decreta ingleses de raza, de temperamento y de educación, desde cuyo momento sus paisanos son verdaderos "yankees" o sajones, aunque sigan hablando español, viviendo como españoles de origen y ni noción tengan de lo que es inglés o "yankee". Otro día los deroga como ingleses y los decreta como suizos; más tarde los reorganiza en belgas, después los reconstituye en alemanes, y por fin, los recompone en viejos holandeses del tiempo de las Provincias Unidas. Quijote cambia la educación, las creencias, los hábitos, el temperamento, el carácter histórico de su pueblo, como cambia el uniforme de los soldados, por un simple decreto. Todo eso lo hace con el aplomo, la sinceridad, la confianza tranquila del que no duda un instante de su poder, de un "Creador Supremo", es decir, de un Dios que gobierna y dirige. Y cuando una de sus criaturas, formadas por decreto, persiste en guardar la forma y carácter que le dio la intrusa y usurpadora naturaleza, Don Quijote la suprime, en castigo del orden natural sublevado contra el orden legal, escrito y promulgado en debida forma, que es el único orden legítimo. Así queda salvada la institución o decreto que ordenó a la criatura ser lo que no era, matando el derecho vivo para salvar el derecho muerto, que es el meramente escrito; o lo que es igual, negando a Dios para reconocer a Don Quijote. Es necesario leer su ensayo de colonización en Patagonia, para ver hasta dónde ha ido su locura de reformador americano. Pero esto merece capítulo aparte, que yo someteré a la atención de la señora Luz del Día, como parte de los datos noticiosos, que ha tenido a bien pedirme, para preparar su conferencia.»

VII. Quijotanía, o la colonización socialista en Sudamérica

—Es bueno no olvidar que todo europeo que pasa a la América, se hace más libre de espíritu, adquiere mejor idea de sí, se da más valor a sí mismo, y muchas veces hasta se hace vano y fatuo. Don Quijote no podía escapar a esa ley. La América lo ha hecho más loco en el sentido de su ambición y presunción característica. Su locura ha cambiado de tema, pero no de naturaleza. En vez de ser el Quijote de la Mancha, ha sido el Quijote de la Patagonia; es decir, que el vuelo de su fantasía no ha reconocido límites, desde que se ha visto en aquel mundo favorito de los ensayos temerarios, de los experimentos fantásticos, donde todas las utopías se ponen a la prueba, y donde los más cuerdos se vuelven un poco Don Quijotes.

«Instalado en América como no estuvo jamás en Europa, propietario de una estancia comparativamente grande, poblada, como de ordinario se ve allí, de miles de animales útiles de toda clase, caballos, ovejas, vacas, aves, perros, regulares habitaciones despreocupado de todo cuidado sobre los medios de vivir, y de vivir cómodamente; disponiendo ampliamente de su tiempo, Don Quijote se ha dado a las lecturas más variadas. No hay libro moderno, no hay doctrina social, ni teoría política, ni descubrimiento científico, cuya noticia haya escapado a su curiosidad ambiciosa. De todo ello se ha hecho una ensalada, en su cabeza insegura y fantástica, y la consecuencia natural ha sido la misma de que en Europa ya fue víctima. Las lecturas le han trastornado la cabeza y le han precipitado en empresas y proyectos al lado de los cuales son sensatos los de su vida en Europa. Citaremos, entre otros, al que por su carácter político y social, hace hoy la diversión del público de América. Como no hay propiamente cuestión social en América, ni motivo de que exista, todo hasta el "mormonismo", en innovaciones sociales, es mirado, como simple curiosidad y dejado a su libre e inofensivo desarrollo. Así Don Quijote ha podido conducir su empresa con entera libertad, hasta el día en que ha tropezado en el terreno, siempre escabroso, de la política militante, y caído en las garras de la justicia criminal, que es la justicia de los tigres, como lo veremos al fin del episodio.»

VIII. La teoría de Darwin aplicada a la regeneración social

—Don Quijote había leído en el libro célebre de Darwin, sobre el «Origen de las especies», que todas ellas, según las pruebas que ofrece la historia natural de la tierra, procedían originariamente de cuatro o seis tipos en que la vida animal y vegetal había verosímilmente hecho su primera aparición sobre la faz de nuestro globo; que una ley peculiar a la vida orgánica, los había multiplicado al infinito, y que esta ley era la selección natural, o al perfectibilidad espontánea de que las especies son capaces por la acumulación de las mejoras creadas por la educación al favor de la sucesión orgánica; que según esta ley de creación natural y continua, la especie humana tenía probablemente por origen otra especie menos perfecta, la del mono, por ejemplo.

«Sobre esta teoría, que ha calentado tantas cabezas, la de Don Quijote se puso a fermentar y produjo lo que vamos a ver, traduciéndola en los experimentos prácticos más curiosos y más inauditos.

»Si el hombre es pariente del mono, se dijo él, con doble razón se le debe creer pariente más cercano del carnero; y a fe que este parentesco hace más honor al hombre, pues el mono es bellaco, indecente, inútil, ladrón, inmoral, mientras que el carnero es el símbolo religioso de la mansedumbre y de la bondad: el carnero hace vivir al hombre, sin vivir del hombre, lo que de paso confirma que es el padre del hombre.

»En esta hipótesis, confirmada todavía por las muchas señales que el hombre mismo da, de ser una especie perfeccionada del carnero, no hay razón para no creer que todo carnero es susceptible de convertirse en hombre verdadero, con solo educarlo en los usos y costumbres sociales del hombre. Si la educación es una segunda naturaleza, como dice el refrán, Pascal ha dicho con doble razón, que la naturaleza es una primera educación. Dar al carnero por primera educación, la educación del hombre, es darle la naturaleza humana en cierto número de años.

»Atribuyendo a los años, la acción que Darwin atribuye a los miles de años, en la transformación de las especies animales, Don Quijote no se contentó con decirlo, sino que se puso a practicarlo. Un interés menos inocente que el de la ciencia lo condujo en esto. El tenía unos cuantos miles de ovejas y otros tantos animales vacunos y caballares en una estancia que empezó como por un juguete, y que gracias a la paz que le daba la distancia apartada de su situación, en pocos años se volvió una especie de principado. La estancia estaba situada entre la Patagonia y la Pampa, un poco vecina del mar y más cercana de la colonia inglesa de Falkland que de Buenos Aires. Esa soledad le dejaba entera su libertad soberana de ensayar todas las locuras imaginables en materia política y social. El sabía que la Patagonia había inspirado a Darwin su grande idea sobre el origen de las especies. El quería tener la gloria de deber a ese mismo desierto el primer experimento de un resultado práctico de esa teoría, hecho en servicio de esta grande idea patriótica, la de convertir en cuatro días una simple estancia en un estado federal de la gran confederación del Plata, por un esfuerzo artificial y precipitado de la selección natural, por una especie de golpe de estado de la naturaleza.

»Don Quijote tenía por mayordomo a un joven gallego de mediana instrucción y buen talento natural, adornado de una codicia tan desmedida y apasionada, que lo hacía más crédulo que a Don Quijote su locura. Al lado de un hombre del temperamento de Don Quijote, aislado y apartado de todo contacto de hombres sensatos, viendo a su amo poseedor de una vasta tierra y de miles de animales útiles, el gallego miró en Don Quijote no solamente un sabio, sino un príncipe, y en su dominio un principado sin rival, porque todo era desierto a su alrededor. Esa simple posición, bastaba para hacer como hizo del gallego, un Sancho sin saberlo; y Don Quijote, no teniendo mucho en qué escoger, le hizo su secretario y consejero de estado, con quien se acostumbró a discutir y a ejecutar oficialmente, a medida que los concebía y discutía, todos los planes de que vamos a dar una breve noticia.»

IX. Plan constitucional de un pueblo de carneros

«Don Quijote dio a su estancia por de pronto el nombre y rango de "colonia"; a sus animales el de "colonos", a su gallego el de "secretario general de Quijotanía", como llamó a su colonia el imitador de Guillermo Penn, y él mismo se dio el título de "gobernador" de su Pensilvania patagónica. Los peones recibieron el título de "intendentes", y los colonos fueron clasificados en tres departamentos, a saber: "homo-ovejas", "homo-vacas", "homo-caballos". El gobierno de la colonia fue democrático-representativo, con un parlamento mudo (por de pronto), en el que cada departamento debía tener un número de votos proporcional al de su población. Los "homo-ovejas" formaban mayoría absoluta, y teniendo más de la mitad de los votos, ellos hacían la ley. Provisionalmente y mientras no sabían hablar, ni escribir, ni leer, debían hacerlo por ellos, el gobernador y el secretario general constituidos en consejo y parlamento colonial. Las leyes y decretos debían ser dados y promulgados en nombre del pueblo de "Quijotanía", proclamado soberano y libre por su fundador y libertador. La soberanía debía ser ejercida por el pueblo, en forma de "plebiscitos", expresados por un "sí" o un "no", en contestación a los proyectos interrogatorios propuestos por el gobernador libertador. Al cabo de dos años, la colonia asumiría el rango de estado soberano y libre y se daría una Constitución de tal, definitivamente. Solo entonces entraría en relaciones con el gobierno nacional de la República, o en caso necesario con los poderes extranjeros.»

—Y bien —preguntó Don Quijote a su gallego un día— ¿qué piensa mi secretario de esta idea? (porque el genio mismo necesita desconfiar modestamente de sus propios consejos, añadió Don Quijote para sí mismo).

—Yo confieso, señor gobernador, que me gustaría ser secretario de estado aunque fuese de un estado de carneros, pero no veo qué utilidad podamos sacar de este trabajo, y sí veo el inconveniente.

—¿Cuál es? —preguntó Don Quijote asombrado.

—Que se van a reír de nosotros, y nos van a tomar por locos.

—¿Quiénes?

—Las gentes de los otros pueblos.

—¿Por qué razón?

—Por nuestra pretensión de formar un estado político, con animales irracionales.

—¡Candoroso! —dijo Don Quijote— ¿y tú crees que esos otros estados se componen de otra cosa que de animales? Ante todo, permíteme notarte que estás atrasado en historia natural, cuando hablas de animales «irracionales». Ya no los hay, según los sabios modernos, que lo han cambiado todo. Hoy es sabido que todos los animales poseen su dosis de razón y que todo en este punto se reduce a cuestión de cantidad. Así ha invadido la democracia los dominios mismos de la historia natural. Lo que vamos a hacer es la repetición de un hecho, que existe en toda América, por no decir en todo el mundo democrático. No soy yo quién lo dice. El Darwin de la democracia moderna, el mismo Tocqueville, ha dicho estas palabras, que definen nuestra democracia en proyecto, como definen todas las democracias nacientes: «una multitud inmensa de hombres semejantes o iguales... Sobre ellos se eleva un poder inmenso y tutelar, que toma sobre sí solo el encargo de asegurarle sus goces... Este poder es absoluto... No tiraniza, pero estorba, comprime, anonada, embota y reduce, en fin, a cada nación a no ser más que una majada de animales tímidos e industriosos, cuyo gobierno es su pastor.» Y esto no es un insulto a la democracia, pues Tocqueville es su apóstol.

«Para mí —dice Don Quijote— lejos de insulto, ése es su mejor elogio, porque una democracia de animales tímidos es una mina de oro amontonado y de poder sin límites, para el que la gobierna. Toda la diferencia que separa el pueblo de "Quijotanía" de los otros pueblos cuya risa temes, es que los habitantes del nuestro son ciudadanos en forma de carneros, mientras los otros son carneros en forma de ciudadanos. En su conducta política, no lo dudes, todos son semejantes, con esta diferencia, que los nuestros son los más modestos, pues siendo más útiles a la civilización, no tienen ta presunción de los que creen representarla, solo porque saben ultrajarla a cada paso.»

—Pero en todo caso, mi señor —dice el gallego— no se puede negar que los otros carneros saben hablar, leer y escribir, discutir y votar, reunidos en comicios, llevar y ejercitar las armas, en fin, ejercer más o menos bien su soberanía, como si fueran hombres.

—Permíteme hacerte otra advertencia, antes de responderte —dice Don Quijote—. No digas «los otros carneros», porque son tan vanos, que si llegan a saberlo, pueden apalearnos. Para distinguirlos de los nuestros, bastará decir «los otros», o si tú quieres, los «sajones», porque todos los carneros políticos son o se tienen por sajones de origen liberal.

«Tanto mejor si nuestros demócratas de "Quijotanía", no saben leer, ni escribir, ni hablar. Así ejercerán mejor su soberanía, porque se verán forzados a ejercerla por nuestro conducto, y nosotros la ejerceremos, como es natural, primero en nuestro provecho, y después en el suyo. Para delegarla en nuestras manos, y hacer, a ese fin, sus leyes fundamentales, no necesitan saber más que estas dos palabras: "sí" y "no", o si quieres, una sola, un mero "sí". El "sí" de los pueblos modernos es el "fiat" del "Génesis" político: ellos hacen la ley, como Dios hizo la luz: con un vocablo. O si quieres una comparación menos adusta, el "sí" de los pueblos es como el "sí" de las niñas, que no por ser dictado y repetido automáticamente, deja de ser la ley que gobierna la libertad de toda su vida, de mujeres casadas. Pues bien, ese "sí", que hace las familias y las naciones, que crea los reyes y los emperadores, que hace las constituciones y los códigos, nuestro pueblo de "Quijotanía", lo sabe pronunciar del modo más soberano, y tú lo oyes a cada paso, cuando apenas nos divisa, ya nos saluda simpática y respetuosamente, repitiendo "sí", "sí", que en su temperamento frío, equivale a "¡bien!" "¡bien!" "¡convenido!" "¡apoyado!".»

—Yo lo he oído mal en ese caso —dice el gallego— pues yo he creído entender que dicen «¡mée!» «¡mée!», que en francés significa «pero», es decir, principio de negación, de disentimiento, de protesta, de resistencia, en una palabra, lo contrario de sí. ¡Cuidado, señor, con no exponernos a un plebiscito negativo, por un error de orejas!

Don Quijote se ríe del candor de su secretario, o más bien de su ignorancia lingüística.

—Tú no adviertes una cosa muy sencilla, y es que, como sajones de origen, nuestros carneros (quiero decir nuestros ciudadanos), hablan inglés, y ese vocablo que te parece «mée», es en realidad, «yes», que en inglés significa «sí». Con la ausencia del país original, nuestros sajones de «Quijotanía», han variado insensiblemente la pronunciación. Como sajón de raza, nuestro pueblo será a la vez libre, gobernable y civilizado. Descendiente de «John Bull», será con propiedad «Juan Lanas», como el «rey lana», será primo hermano del «rey algodón».

—«Gobernable» —dice el gallego— ya lo creo, pues seis perros nos bastan para tener en orden a veinte mil ovejas. Pero necesito que el señor me explique ¿cómo puede ser libre una nación de animales tímidos y desarmados, ni cómo un pueblo compuesto de animales puede ser civilizado?

—Un buen ejemplo, es el catedrático más breve y convincente. La Inglaterra, que es la patria de la libertad, es la patria del carnero por excelencia. Luego el carnero representa la libertad, precisamente porque es manso y desarmado; es decir, porque representa la paz.

—Dispénseme, señor, si me permito una observación respetuosa: ¿no es un león el símbolo de la Inglaterra, en su escudo de armas?

—Sí, pero es de advertir que la Inglaterra no contiene más león que el de su escudo de armas, mientras su suelo está cubierto de carneros. La India, por el contrario, es la patria de los tigres y leones, lo cual no la impide ser la esclava del país de los carneros.

«El león es un animal que ha nacido armado en guerra, y lejos de ser libre, por esa causa, vive al contrario esclavizado en jaulas de fierro. Solo es libre en los desiertos; donde la libertad es inútil. El cordero, al contrario, jamás está encadenado ni enjaulado, y la sola razón de su libertad es que no tiene armas para atacar a la libertad de los otros.»

—Pero, yo creo, si no me engaño —persiste el gallego— que el ejército británico, no se compone de carneros y que si no tenemos más soldados que nuestros amables y lanudos ciudadanos, todo enemigo se tendría por feliz de entrar en guerra con nosotros, porque comería buena carne sin trabajo, y tendría buenos colchones en que dormir.

—Yo no niego —dice Don Quijote— la necesidad de que formemos un ejército permanente compuesto de buenos perros, esperando a que nuestros carneros ciudadanos se conviertan en hombres, por la ley de la selección natural, ayudada por nosotros con buenos madurativos.

X. Dificultades vencidas

—¿Y cuántos meses, o cuántos años serán precisos, para que, según esa gran ley, nuestros ciudadanos de cuatro patas marchen, vistan, hablen como nosotros? —pregunta el gallego a Don Quijote.

—Esa es cuestión de ninguna importancia —responde Don Quijote— para la civilización de nuestro pueblo. Que un carnero ande en dos pies o en cuatro patas; que vista algodón, como nosotros, o lleve su colchado natural de lana; que hable muchas palabras o que solo hable una, siempre será un carnero, mientras conserve su índole de tal. Lo que hace al carnero no es su forma; es su abnegación sin límites; y los dos tercios de la especie humana exceden felizmente al carnero en esta cualidad. Así como es hoy nuestro pueblo, está mejor dispuesto para el orden y progreso que lo están los estados más guerreros de la América del Sur. Más provecho hace al desarrollo de la libertad americana la mansedumbre de nuestros carneros que todo el brío de nuestros tigres en forma de soldados.

«No sé si lo ha notado mi recomendable secretario, prosigue don Quijote: es un hecho que la civilización de Sudamérica está representada por los animales mejor que por los hombres; por sus carneros y sus vacas, que le dan sus lanas y sus cueros, en cambio de cuyos productos animales, le da la Europa el de sus manufacturas. El caballo, que puebla sus campos, representa como el vapor, la fuerza motriz, que produce su locomoción y movimiento. Si la civilización tiene por símbolos materiales las vías de comunicación, es un hecho que la comunicación libre y sin huellas determinadas, representada por el caballo, lo constituye un vehículo mil veces más simbólico de la civilización que el "wagon" del ferrocarril por abundante y económico. Los animales en Sur América hacen el papel de los esclavos en la antigüedad: neutrales en las guerras sociales y políticas, ellos proveen a nuestro sustento, mientras ricos y pobres pasamos nuestras vidas en disputar el poder y la riqueza. El caballo y el buey representan la fuerza motriz en la industria, en que son mejores motores que el brazo del hombre, y casi tan fuertes como el vapor mismo, pues 500 caballos representa la fuerza de un buque de vapor de primer orden. La fuerza motriz es oro, pan, riqueza, vida, civilización. Aquí se perfeccionan los caminos. Al camino de sangre se sustituye el camino de hierro. Solo el caballo que, cual locomotivo de sangre, suprime la pampa y el desierto, se bastardea en vez de mejorar, bajo los gobiernos que se llaman civilizados. Nosotros trataremos al caballo y al carnero como agentes elementales del hombre civilizado; como mitades de nosotros mismos; en una palabra: como a prójimos, estando a la ley de Darwin, más ancha que la ley del Cristo en el sentido del naturalista, ya que no del teólogo.»

—Yo no veo más que un peligro en esto, señor —dice el gallego—, y ya nuestra cocinera me lo ha señalado. Como ella ha aceptado la idea de que los carneros son nuestros parientes naturales, su conciencia se ha preguntado si podríamos comer a nuestros semejantes sin incurrir en el vicio detestable de antropófagos.

—Como se comen unos a otros los hombres, y aun los amigos en caso de naufragio, es decir, de suprema necesidad, sin ser por eso antropófagos, dice don Quijote. Pero podremos ir manteniendo el viejo régimen mientras los carneros tardan en tomar nuestra figura y semejanza. En este solo punto, es decir, para satisfacer el hambre, iremos manteniendo la idea de que no son hombres, aunque sean ciudadanos.

El gallego saboreó esta solución, sin dejar de observar para sí solo que la moral política de su jefe no era de la primera fuerza; y desde entonces empezó a sospechar que la ambición lo hacía un poco maquiavelista. Todo irá bien, se dijo él, con tal que el precedente no se aplique a mí mismo, en ningún caso extremo.

—Otra objeción me ocurre, señor —dijo él a don Quijote—: estando abolida la pena de muerte por la Constitución, ¿cómo podremos matar a un ciudadano aunque sea carnero?

—Distingamos —dice don Quijote—: está abolida la pena de muerte por delitos políticos, pero no por crímenes privados.

—Para el caso —dice el gallego—, todo viene a ser lo mismo, pues ¿qué crimen puede cometer un carnero?

—Tampoco un propietario lo comete —replica don Quijote—, y sin embargo se le quita la propiedad por causa de utilidad pública. Por el mismo principio es lícito expropiar la vida de un carnero por causa de utilidad pública, previa indemnización de su valor.

—¿Y a quién será pagada la indemnización previa de la vida que se quita? —pregunta el secretario.

—Al mismo carnero, naturalmente —dice don Quijote—, con abundante pasto, como hacemos con el cerdo que cebamos para matar y comer. Además nos queda otro recurso de alta política, para salvar la moral de la ley, y es el de imputar al carnero algún crimen capital, como sedición o traición, para justificar su muerte necesaria. Buscaremos un buen abogado, que se encargue de ese ministerio, o, lo que es mejor, que un buen abogado, un buen pedante o pedagogo, que amenice la sentencia con su erudición divertida, y adormezca el pánico de los carneros que quedan en capilla.

XI. Solución de otras objeciones al plan de Quijotanía

—Me queda siempre una duda, que sometí antes de ahora a mi señor, y es esta: ¿Qué utilidad práctica vamos a reportar de la creación de esta colonia o nación de animales? ¿Es un simple experimento científico, o es un mero entretenimiento para pasar el tiempo árido de la vida del campo? —pregunta el secretario a su señor.

—¡Es, dice gravemente don Quijote, una empresa de la más práctica y grande importancia! Yo bien veo, amigo secretario, que poco has meditado en los grandes recursos que ofrece la política a los hombres laboriosos y hábiles, que saben explotarla con más intrepidez que vanos escrúpulos. Ser el gobierno de un pueblo, aunque sea de carneros, es al. fin ser un gobierno; es tener derecho a tratar con los otros gobiernos, de poder a poder, de cambiar notas y honores con ellos, de enviarles y recibir representantes. Ser un Estado en lugar de una estancia, es tener derecho a darse un gobierno, a enviar senadores y diputados al Congreso federal, y gozar de dietas pagadas por el tesoro de la Nación. Todo esto es no solamente agradable y lúcido, sino extremadamente provechoso y útil. Tú, por ejemplo, ¿no serías más feliz en ir como senador al Congreso que estar de mayodormo de una estancia? ¿No te sería más agradable verme a mí de gobernador de un Estado que de oscuro propietario de una estancia?

—Ciertamente que sí —respondió el gallego, saboreando risueño su satisfacción anticipada—. Pero, ¿quién nos daría esos empleos?

—El sufragio universal de nuestro pueblo de Quijotanía —dice don Quijote—, que para eso cabalmente será soberano.

—Y si los carneros —observa el gallego a su señor— se diesen a sí mismos esos empleos, supuesto que todos somos iguales por la ley, ¿sería honroso y ventajoso para nosotros vernos gobernados por animales? ¿Serían recibidos ellos mismos como diputados y senadores en el Congreso, o como ministros en las cortes extranjeras, si les cupiese el honor del sufragio popular?

—Esas hipótesis son inconcebibles. No hay cuidado de que los carneros se elijan a sí mismos, ni de que siquiera elijan por sí mismos. Dejarían de ser carneros si eligiesen para sus gobernantes, a otros que no fuesen sus gobernantes actuales. Ellos elegirán ciertamente, desde que son libres de elegir, pero se guardarán de no ejercer su libertad sino por nuestro conducto; y nosotros tendremos entonces buen cuidado de no elegir sino a nosotros mismos. Es la ventaja natural de la libertad representativa.

—Me parece eso tan natural y justo, dice el gallego, que sería un crimen de lesa libertad en el pueblo de elegir para gobernantes a los que no están en el gobierno.

—Sin embargo, para prevenir de lejos ese abuso ruinoso de toda libertad, añade el gallego, me permitiré yo, en mi calidad de secretario, indicar al señor gobernador que no sería bueno darse priesa en sacar a nuestras gentes de su actual capacidad electoral, es decir, que a fin de que mejor ejerzan su libertad, será preferible que no sepan leer, ni escribir, ni hablar más que la palabra «sí».

—Ciertamente —dice don Quijote—, que es el más funesto abuso que pueda cometer un pueblo libre el de querer ejercer su libertad por sí mismo, en vez de hacerla ejercer por conducto de su autoridad competente. Yo comprendo que un pueblo debe tener todas las libertades, pero, naturalmente, ha de ser a condición de no ejercer ninguna por sí mismo, y de entregarlas todas a su Gobierno. La libertad representativa, como el gobierno representativo, significa una libertad que se ejerce por apoderado. El apoderado es libre, pero no es libre por su cuenta, sino por cuenta y en provecho del poderdante, que harto tiene con ser el dueño de la libertad que no ejerce. Así nuestro pueblo será el más libre de América por la razón de que será el que menos se moleste en ejercer su propia libertad: el más bien educado para la libertad, por la razón de que no sabrá hablar más palabra que el «sí» misterioso, por el cual se encarna su libertad en la libertad soberana de su gobierno.

XII. Primer amago de desquicio

El gallego acababa de pronunciar un bravo estupendo, cuando dan a la puerta enormes golpes, y tras ellos entra despavorida la cocinera anunciando ¡una revolución!

—¿En Buenos Aires? —pregunta don Quijote.

—¿En Chile? —pregunta el gallego.

—¡No —dice la cocinera—, aquí, entre nosotros!

—¿Por los peones?

—¡No, por el pueblo!

—¿Qué hay? explícate —dicen ambos miembros a la cocinera.

—Que a la vista de un ejército extranjero, el pueblo se ha pronunciado en su favor y por aclamación, pues todo él se ha puesto a gritar «sí, sí», es decir «yes, yes» (o en sajón corrompido, «mée, mée»), entregándole su autoridad por este «plebiscito» traidor, como la entregó al señor gobernador antes de ahora, del modo más regular.

—Es decir, que estamos destituidos, exclama tristemente el gallego, y que no nos queda otro partido que escaparnos. Pero ¿cómo? ¿Quién nos llevará de aquí? Los caballos deben estar complicados en el movimiento, como miembros del pueblo soberano. Tendremos que capitular con el enemigo.

—¿Es grande el ejército? —pregunta don Quijote.

—Se compone de seis hombres, pero cada hombre es el tamaño de seis mil hombres —dice la cocinera que los ha visto.

—Son gigantes en tal caso —dice don Quijote, aterrorizado de verse sin armas.

—Son patagones —dice el gallego.

—Tú sabes —dice don Quijote—, que en este país de Patagonia todo ha sido gigantesco en otro tiempo. El «Megaterium» era un perrillo de faldas de las mujeres, que eran como torres andantes. ¿Vienen a pie?

—No, señor —dice la cocinera—, a caballo, en caballos del tamaño de seis mil caballos cada uno.

—¡Qué decía yo! esos deben ser «Megaterios» o «Mastodontes» —dice don Quijote—. ¡Oh, si Darwin pudiera verlos vivos! Como él no vio toda la Patagonia, sin duda se le traspapelaron estos individuos, en algún pliegue del terreno gigantesco. ¿Cómo resistir a un ejército de treinta y seis mil hombres? ¡Nuestra situación es grave! ¡No estábamos preparados!

—Pero vamos a verlos —dice don Quijote.

Salidos entonces al patio, se informaron por los peones de que todo lo ocurrido estaba reducido a que algunos hombres que conducen ganado para Bahía Blanca se habían acercado a la costa, según la costumbre del país, en solicitud de algunos víveres, que deseaban comprar, y no encontrándolos habían continuado su viaje, después de tomar agua, de encender sus cigarros y decir un adiós amigable.

—¡Qué comedia! —exclamó el gallego apenas vuelto de su pánico.

—Realmente una comedia —dice don Quijote— pero como no hay comedia sin moral, la nuestra debe tener una.

—Más de una —dice el gallego— la primera es que cuando fundemos una «Gaceta oficial», será preciso dar la redacción a la cocinera por su gran facultad inventiva.

—Y al secretario —añade don Quijote—, debemos darle la cocina y las polleras de la cocinera, por su gran presencia de espíritu. La comedia, aunque comedia, no deja de sugerirme un temor, y es el del peligro que corre la seguridad de mi gobierno, por la falta de instrucción y cultura de mi pueblo. Si esos hombres hubiesen entendido su lenguaje ¿quién duda de que se hubieran prevalido del «plebiscito» que les ofrecía la soberanía, que no buscaban pero que se hubieran apropiado, como podrá hacer mañana todo ambicioso que sepa que nuestra democracia no sabe otra cosa que ofrecerse a todo el mundo, como una mujer pública?

—Su posición es al menos la de una mujer bonita, a quien todos los que se acercasen a ella oyesen repetir, sin que nadie le pregunte nada: «sí, sí, sí». Cada uno daría por hecha su conquista. Yo empiezo a sospechar que, lejos de ser una ventaja para el gobierno la ignorancia del pueblo, puede llegar a ser su mayor peligro.

—Yo siento ser de otra opinión —dice el gallego— yo digo que si la única palabra que habla nuestro pueblo le ha bastado para ofrecer su soberanía al primer conquistador pasante, no necesitaría sino poseer todas las palabras del diccionario para entregarnos maniatados a cuantos vengan a pedirle su sanción. Yo creo que el «sí» constituyente de los pueblos deja la vida de los gobiernos pendiente de un cabello.

—De los gobiernos tontos —dice don Quijote—, que no saben decir «sí» al pueblo que quiere decir «no». Yo digo que el pueblo debe saber pensar y hablar, a condición, bien entendido, de pensar y hablar por conducto de su gobierno; o bien sea de no pensar ni hablar sino lo que dicte su gobierno. Es el modo como algunos poderes han conciliado la instrucción popular con la estabilidad del orden.

—¿En qué quedamos entonces —pregunta el gallego— sobre esta cuestión, que encierra el porvenir entero del gobierno? ¿Enseñaremos a hablar a nuestro pueblo, o le dejaremos reducido al uso del formidable «sí», que hace pasar las coronas de cabeza en cabeza, según el viento caprichoso de la voluntad o, mejor dicho, de la lengua popular?

—La lengua de los carneros será siempre un plato exquisito para los gobiernos que saben ser libres con la libertad de su pueblo —dice don Quijote sentenciosamente.

XIII. Sistema de instrucción publica. Academia de Quijotanía

—Yendo por este camino —prosigue don Quijote— nos convendrá fundar academias y universidades en nuestra «Quijotanía», para consolidar su gobierno por las luces administradas como el alumbrado de gas, por cañerías de hierro, con sus llaves tenidas por las manos de la autoridad.

«La instrucción es la mejor base de la obediencia, cuando es instrucción gubernamental, es decir, cuando es dada por el gobierno en el sentido y según la mira de ser obedecido. Fundaremos a este fin una Academia.»

—No será una «Academia de la lengua», en todo caso —dice el gallego—, porque la lengua de nuestro pueblo se reduce toda a la palabra «sí».

—¿Y qué importa? Será la Academia del sí, o mejor dicho, la Academia del silencio, destinada a cultivar la gran ciencia del callar; la sabiduría negativa, que consiste no en lo que dice, sino en lo que deja de decir; no en la verdad que enseña, sino en el error que deja de enseñar; no en lo que estudia, sino en lo que se abstiene de estudiar; no en lo que se sabe, sino en lo que ignora; no en lo que publica, sino en lo que deja de publicar. En este terreno, nuestra Academia podrá ser vencida por otras, si se comparan las producciones; pero ninguna tendrá su gloria de no haber producido jamás un solo disparate. Ya los árboles habían dicho que «si la palabra es plata, el silencio es oro», lo cual equivale a decir que si Platón es sabio, el carnero es la sabiduría.

—Una nación de carneros, es ya una novedad; bastante original —dice el gallego—, pero un cuerpo sabio formado de animales podrá parecer una novedad que no encuentre un solo creyente.

—Poco sabe y poco ha visto en este punto mi novel secretario. Yo le daré las bases, y él redactará sobre ellas los «Estatutos de la Academia de Quijotanía». Y para no perder tiempo ni dilatar su edificación, yo se las daré al instante. (El secretario escribe.)

«Base I.ª Ninguno podrá ser recibido miembro de la Academia si no prueba por documentos fehacientes que ignora la palabra, la escritura y la lectura de toda lengua conocida. Si no presenta un diploma por el que acredite que no ha frecuentado escuela alguna, y que son ciencias que ha dejado de estudiar las matemáticas, la física, la geografía, la historia, la legislación, la moral, la economía política, la teología, la filosofía.

»2.ª La Academia constará de diez miembros; cada miembro tendrá un secretario, cada secretario será responsable de lo que se someta a la firma tácita de su jefe, ante su jefe únicamente.

»Todos los secretarios serán confidenciales e invisibles, menos el secretario general de la Academia, que será público y dará inspiración a los demás.

»La Academia tendrá su tesoro. El secretario será su tesorero. El tesoro se formará de las contribuciones pagadas por los miembros correspondientes en cambio de su diploma.

»3.ª La Academia tendrá miembros correspondientes en países extranjeros, con especial encargo de no mandarle jamás correspondencia alguna.

»4.ª Las funciones de académico serán gratuitas. Los secretarios tendrán un sueldo del Estado.

»5.ª El Gobierno hará los académicos y los secretarios y podrá destituirlos por razones del Estado.

»6.ª Cada secretario hace su trabajo y lo somete a su académico. Si el académico responde "sí", la obra toma su nombre y el secretario guarda su responsabilidad ante su jefe. Las funciones de secretario de Academia son compatibles con las de secretario de Gobierno.»

—Yo pregunto ahora al que tiene el honor de ser el mío: ¿aprueba él o no la idea de mi Academia?

—En cuanto a mí, ¿qué duda cabe? ¿No veo desde luego que seré yo toda la Academia? ¿Pero qué dirán «los otros» de una Academia en que solo son excluidos los que saben leer y escribir, y eso por la razón de que saben leer y escribir?

—Reír de una academia semejante, es no conocer tantas otras que brillan en el mundo. Dios me libre de toda mira de ultrajarlas, pero dudo que exista una sola cuya tercera parte de miembros sepan entender los libros que llevan su nombre.

XIV. Competencia de la ignorancia para hacer buenos libros

Varias instituciones sociales de Quijotanía

—Conozco —dice don Quijote—, más de un académico que no solo produce buenos libros a pesar de su ignorancia, sino que su ignorancia es la única razón o causa de sus buenas producciones, puesto que cuanto menos saben, menos intervienen en la composición de sus obras, que escriben como los reyes escritores por medio de sus secretarios.

«Con las luces oficiales, que mantienen la obediencia, daremos también al pueblo de "Quijotanía", instituciones y leyes que sirvan para agrandarlo, haciendo antes la grandeza de nuestro gobierno. Para hacer de la sociedad una máquina productiva del poder de nuestro gobierno, nos serviremos de un "Código social o civil", que daremos desde luego a Quijotanía.»

—¡Cómo! —observa el secretario— ¿un Código civil y social antes que una constitución política, antes que una ordenanza militar, antes que un reglamento de comercio y de industria?

—Todas estas cosas —dice don Quijote— no son sino ramas accesorias y subalternas del «Código civil»; por mejor decir, son meros capítulos del «Código civil». Formad la sociedad para que sirva a la grandeza del gobierno, es decir, para la guerra, y tendréis formada su ordenanza militar, su constitución política, su iglesia, su industria.

«Tal cual es la sociedad, así es el ejército, así es la iglesia, así es el gobierno mismo. Todo lo que está en la sociedad, está en el Código civil, que es la verdadera ordenanza militar, la verdadera constitución política, el verdadero código eclesiástico, la verdadera ordenanza de comercio.

»Para, construir el edificio social, el Código civil hace todas las piezas, ruedas y resortes de que la sociedad se compone. El hace la "persona" o rol social del hombre, de la "familia" que es almáciga de la sociedad, de la "propiedad" o el patrimonio de que vive la familia; el movimiento de la propiedad o los contratos y testamentos, que hacen circular la propiedad alrededor de toda la sociedad, como el agua que riega todo el huerto.

»Yo hablo a mi secretario con la historia en la mano.»

—Ya lo creo —dice el gallego—, porque esas cosas no me parecen inventadas por mi jefe.

—Los Césares de todas las edades —prosigue don Quijote—, que supimos siempre dónde nos aprieta el zapato en hecho de constituir la sociedad de nuestro mando, en el interés de constituir nuestro poder soberano y perpetuarlo, tomamos desde luego a la sociedad entera en nuestras manos y le dimos el molde que convenía al vigor y mantenimiento de nuestra autoridad, organizando de un golpe, por un código social, no solamente la sociedad, sino el gobierno en sus raíces más profundas; el ejército en los gérmenes sociales de su disciplina; la riqueza pública y la pobreza privada en sus manantiales más hondos. Así los emperadores romanos dejaron a la posteridad los «códigos civiles», que perpetúan no solo su nombre, sino su autoridad, en cierto modo, sin dejar constituciones políticas ni reglamentos militares. Sus imitadores modernos, Carlo Magno, Alfonso de España, Federico de Prusia, el Emperador de Austria, Napoleón I y su inacabable fila de payasos, buscaron la constitución que convenía más al vigor y sostén de su poder en la organización que a ese fin dieron a la sociedad entera por sus códigos civiles que aún viven, no por constituciones políticas, que no han dejado.

XV. Territorios. Medios de agrandar los de Quijotanía

Para agrandar el poder del Gobierno, que es el «fin», por la grandeza del país, que es el «medio», el código social reconoce tres caminos: 1°. el engrandecimiento del territorio nacional; 2°. el aumento de su población;

3°. el ensanche de la obediencia, que hace del pueblo el brazo del gobierno. El brazo no debe saber pensar. Todo el pensamiento reside en la cabeza, en un cuerpo bien organizado. Un hombre cuyas piernas y brazos tuviesen la facultad de pensar, que corresponde a su cabeza, sería un monstruo, y ese monstruo sería el monstruo de la anarquía; la discordia hecha hombre. Solo el cráneo social, es decir, el gobierno, debe saber pensar, por toda y para toda la sociedad entera. Desparramar la luz en todo el pueblo, es como disipar la autoridad, como armar a todo el mundo, para que todos manden y ninguno obedezca.

—Temo —dice el secretario—, que esas máximas parezcan tomadas al imperio de la «China» y que nos acusen de querer hacer de «Quijotanía», la «China americana» es decir, de querer contrahacer el Paraguay del doctor Francia.

—Cual más cual menos —dice don Quijote—, todos son chinos los gobiernos de este mundo. Al paso que van las cosas de este siglo, yo no desespero de ver resucitado el viejo imperio, que se hunde en el extremo oriente asiático, en las regiones orientales del nuevo mundo americano, como vemos resucitada al Asia Menor en las leyes que gobiernan a las sociedades cristianas de occidente. La China invade al occidente en materia de libertad, teniendo por vanguardia a los socialistas de la democracia moderna, que son los precursores del gobierno que vamos a ensayar en «Quijotanía».

«Aunque el territorio sea lo primero que nos falta, será lo último de que tendremos que ocuparnos, si hemos de adquirirlo por conquista, que es el método usado por la industria de los emperadores. Si lo intentamos por un ejército de carneros, no es seguro que eclipsemos la gloria de Bismarck. Patagonia nos pertenece por la geografía; pero como las naciones han dado en vivir fuera de su casa, no hay Estado vecino que no pretenda ser dueño de Patagonia.»

—Hagamos como ellos —dice el secretario—, para eludir su conflicto, sin perjuicio de agrandar nuestro suelo pacíficamente.

—¿Por qué método? —pregunta don Quijote.

—Anexando por un decreto al territorio de «Quijotanía», las seis Pléyades que, según el testimonio uniforme de todos los astrónomos, que las han visitado por medio del telescopio, son seis mundos del tamaño del nuestro.

Así viviremos más que a la moda, es decir, no solo fuera de nuestro territorio, sino fuera de este mundo con la ventaja de no parecer sino seis chispas de esa arena brillante, que forma el suelo del cielo; así nadie nos disputaría una cosa tan abundante.

—¿Y por qué seis, en ese caso, y no seiscientas o la mitad del cielo, supuesto que nadie ha pensado en esa conquista?

—Para no tener disputas por el cielo con los hombres de este mundo. La moderación de nuestra adquisición dejaría indiferentes a los otros poderes.

—Pero, ¿qué utilidad práctica tendría esa anexión nominal?

—Mil anexiones se han hecho en este mundo, que no han sido más positivas, y sin embargo se han respetado sus títulos. Aumentando nuestro territorio con el «archipiélago de las Pléyades», estas «Islas Malvinas celestiales», ya veríamos si los ingleses iban a quitárnoslas como a las otras. Nuestro título posesorio, una vez admitido (pues nadie pretendería haberlas ocupado antes que nosotros) sería plata efectiva por procederes financieros de todos conocidos en esta época. Sobre su depósito en un banco hipotecario, tendríamos millones de libras esterlinas a préstamo con la hipoteca de cada Pléyade.

—¿Pero habría Banco que diese plata sobre tales hipotecas? —pregunta don Quijote.

—Se prestan millones cada día —dice el secretario—, con hipotecas menos sólidas. Como el dinero prestado no pertenece al Banco que lo presta, mejor que pertenece la cosa hipotecada al que lo recibe, todos los grandes negocios de crédito se hacen de ordinario sobre bases meteorológicas o atmosféricas, sin que por eso dejen de producir a los agentes intermediarios los provechos más reales y positivos. Todo depende del prestigio del deudor; pero ¿es el crédito otra cosa que un «prestigio», es decir, el brillo de una pléyade, que tal vez no existe? Con el «archipiélago de las Pléyades», anexionado a nuestro suelo, seríamos un imperio colonial, en la forma de esos granos de arena poseedores de mundos lejanos, como el Portugal y la Holanda de otras edades.

—Pero dudo, observa don Quijote, que tales títulos nos basten.

—Aun tendríamos en ese caso otro título, que no dejaría pretexto de vacilación a la chicana de un judío: acudiríamos al Papa en busca de una bula de concesión de las seis Pléyades, a título de administrador, que es del cielo, como tenedor de sus llaves en nombre del propietario supremo.

«¿Con qué otro título fue España poseedora de esta tierra patagónica, en qué está comprendida "Quijotanía"? ¿Quién osaría negar ante la bula pontificia que las Pléyades eran territorio integrante del territorio de "Quijotanía". Se le pueden disputar al Papa sus Estados en la tierra, pero no sus dominios en el cielo.»

—Tú me convences, secretario, y desde ahora prometo nombrarte mi virrey, en nuestro «archipiélago de las Pléyades».

XVI. De la población de Quijotanía y su ensanche y progreso

«Aumentar la población es agrandar el Estado, su fuerza, riqueza, su bienestar. Pero en un país despoblado, el poblarlo es sinónimo de hacerlo, de crearlo, de constituirlo. No toda población conviene a este propósito. La población es un bien cuando es un elemento de orden y de gobierno; cuando ella es al gobierno lo que los brazos y los pies son a la cabeza del cuerpo humano. El brazo que piensa, que razona, que sufraga, usurpa el rol de la cabeza, que es la capital del cuerpo humano y silla de su gobierno. En este sentido, don Quijote opinaba que después del carnero no había poblador más útil para un país, que obedece a un gobierno libre, que el hombre salvaje. Dotado de la misma literatura que el carnero, la cual consiste en no hablar, ni escribir, ni leer, el salvaje, como el soldado de un país libre, es esencialmente obediente. Su rol de ciudadano es esencialmente pasivo. Por este modo de ser, jamás puede ofrecer obstáculo ni resistencia a las libertades del gobierno. No puede ser capaz de ambición, ni de oposición, ni de sedición, ni de revolución contra el gobierno, estando desnudo de voto pasivo, ni candidato para puestos elevados en el gobierno. Al contrario, un gobierno libre debe atraerlo como al inmigrado más capaz de colaborar en sus libertades, por su admirable aptitud para ejercer sus libertades de no hablar, de no escribir, de no leer, de no hacer nada sino por intermedio del gobierno, como sus conciudadanos de cuatro patas.

«Felizmente "Quijotanía" está situada al lado de los manantiales de esa inmigración preciosa que puebla la Patagonia, la Pampa, la Tierra del Fuego, etc. Con atraer a los indios de esos desiertos, la población de "Quijotanía", quedaría formada en cuatro días de súbditos tan aptos como los carneros para la obediencia pasiva.

»La anexión de los indios traería consigo la de sus tierras, y nuestros dos problemas de vida o muerte quedarían resueltos de un solo golpe o, por mejor decir, nuestros tres problemas, siendo el tercero el de una población ilustrada en el callar absoluto del carnero sajón.»

—Pero los indios que quedan en esa parte de América son pocos —observó el secretario—. Aunque los ganásemos a todos, nos traerían con su exigüidad los peligros a que les expone la codicia extranjera, de que sus tierras son objeto.

—A falta de salvajes de la América, desierta, los traeríamos de la Europa poblada —contestó don Quijote, sin la menor ironía.

—Pero ¿hay salvajes en Europa? —preguntó el gallego.

—Cien veces más que en la Patagonia, la Pampa y la Tierra del Fuego reunidas —contestó don Quijote—. La parte más civilizada de la Europa contiene millones de hombres que no saben leer ni escribir mejor que un carnero o que un salvaje de la Pampa. La misma Londres, y París, están llenas de salvajes letrados, que no por saber leer y escribir son menos salvajes que los pehuenches. Poco importa el país de procedencia con tal de que el inmigrado de "Quijotanía" escriba, lea y hable como un carnero, es decir, que no hable, sino por las manos, por los ojos, por los labios de su gobierno. Más ignorantes que mis pies, no lo serán jamás, y todas mis libertades me serían estériles sin el auxilio de mis pies, que son mis mejores súbditos.

La materia de este capítulo y del que va a leerse es una prueba del cambio que ha producido América en los caracteres de don Quijote y de su escudero, llámese Sancho, o no sea más que un gallego innominado. Se diría que cansado de enderezar entuertos, el inflexible caballero de la Mancha se ha vuelto en América un secuaz servil de los hechos, como para quitarles y apropiarse su poder; Sancho, por el contrario (suponiendo que el gallego sea su metempsicosis), se ha hecho fantástico y visionario, tal vez por emular a su ex patrón del viejo mundo, en la cualidad que ha formado su celebridad. Es una prueba de este cambio de caracteres la divergencia de opiniones que los divide en el debate a que da lugar la discusión del plan y táctica con que deben organizar a «Quijotanía», para poblarla con los salvajes de América y

Europa, que, después de los carneros, son los habitantes más capaces de aumentar el poder y el prestigio de un gobierno libre.

XVII. Los indios salvajes y su conversión

—¿Cómo atraer a los indios salvajes para refundirlos, con sus tierras, en el pueblo de «Quijotanía»? Por el método de Bismarck es imposible, no teniendo más población por ahora que nuestros carneros para formar ejércitos. Tenemos que invertir su divisa, y hacer de esta otra nuestras horcas caudinas: «El derecho prima la fuerza»; esperando que cuando «Quijotanía», se componga de todos los salvajes de esta parte del mundo, tendremos buen cuidado de dar vuelta al axioma, y repetir con el siglo XIX: «La fuerza prima el derecho».

—No pudiendo conquistarlos por la espada —dijo don Quijote—, los conquistaremos por la religión.

—¿Con sermones predicados para disuadirlos de que roben y maten y se embriaguen?

«Es peor que declararles la guerra a sangre y fuego. Su existencia, su felicidad, su gloria toda, consiste en violar el Evangelio. El crimen es su industria, su diversión, su derecho civil, porque es más inconsciente todavía que el derecho con que los soberanos del mundo civilizado queman, destrozan y devastan los países de los otros soberanos, sus hermanos. Los jesuitas intentaron conquistarlos por sermones; y primero que abdicar el robo y el homicidio, colgaron a los jesuitas mismos. De resulta de eso fueron las "Misiones" a docilizar los indios del Norte, ya docilizados por los Incas y sus antecesores semicivilizados. Marchando delante de los hechos, los jesuitas se dieron por autores de los hechos. Para convertir a los indios salvajes, tenemos que dejarles dos tercios de sus hábitos, por bárbaros que sean, y no quitarles otro tercio, sino cuando hayan adquirido nuestros gustos y adoptado nuestros usos, sin esperar a que renuncie jamás al otro tercio de los suyos primitivos.

»Sobre todo, continuó el secretario, si no les dejamos una parte de su barbarie, se los llevará el gobierno argentino, que parece haberles asegurado y garantido el goce íntegro de ella, a condición de tenerlos por amigos, para que devasten amigablemente sus campañas con toda seguridad. El amor al robo en el salvaje se confunde con el amor a la patria y a sus leyes.»

—Como otros patriotas, que sin ser salvajes —dice don Quijote—, adoran a su patria, como a su vida, por la simple razón de que viven del pan que se hacen dar por la patria. Seamos justos. ¿Qué es nuestra civilización sino la barbarie regularizada? ¿Ni qué es la barbarie sino la materia primera de que está fabricada nuestra civilización? Civilizado o bárbaro, el hombre vive del robo; toda la diferencia está en la forma del pillaje. Desnudo y desarmado, el hombre nace conquistador y usurpador por derecho. Examinad su persona de pies a cabeza: todo lo que viste es ajeno, y lo tiene contra la voluntad de su dueño. No dirá él que el ternero ha consentido gustoso en que le saquen el cuero de que está formado el calzado que visten sus pies; ni que el cabrito le ha regalado su propio pellejo para que vista sus manos con el guante que las abriga. La lana de que está hecho el vestido que cubre su cuerpo pertenece a los carneros, que han quedado desnudos, a la intemperie, para que el hombre cubra su desnudez. La seda de su corbata y de su sombrero ha sido el traje de gusanos que han quedado desnudos para que el hombre se adorne con su precioso producto. ¿De qué se alimenta el hombre más civilizado y más cristiano? De cadáveres de animales, que, lejos de dañarle, han sido a menudo sus mejores servidores y amigos: las gallinas y los pichones, por ejemplo. Su mesa diaria es un anfiteatro anatómico; una carnicería hecha a sangre fría; un montón de cadáveres o de vivientes que han sido muertos, para que el hombre viva, y viva bien, y lo mejor posible. ¿Qué es la cama en que duerme? Lana y pluma, que han dejado desnudos o sin vida a sus dueños naturales.

El secretario no pudo impedirse de interrumpir a su jefe con estas palabras:

—Ya veo el efecto mágico de esta política. Bastará presentar la civilización por este lado para hacerla amable, no soló a los ojos de los salvajes, sino de los animales mismos. Es como la rehabilitación de su estado, que debe llenarlos de orgullo, y decidirlos muy posiblemente a aceptar gustosos un compromiso, que a nosotros mismos nos obligue a barbarizarnos un poco, en el interés de la civilización; con tal de que no llegue al extremo de hacerlos parecer cómplices de su barbarie, ante los maliciosos que quieran aprovecharse de ese pretexto para atacarnos como a indios bárbaros.

—Todo lo contrario —dijo don Quijote—, sin ironía: cuanto más nos acerquemos de los usos de los salvajes, mayor será la parte que nos quepa en las garantías que les acuerda el Gobierno Argentino. Nuestro código será un tratado de paz entre la civilización y la barbarie: la paz de los extremos. Ni tal orden de cosas es tan nuevo como mi secretario pudiera creerlo. Los soberanos más civilizados del mundo no vivimos de otro modo entre nosotros mismos, por más que los súbditos vivan en ese orden artificial, que llaman civilización. Los soberanos vivimos en el estado de naturaleza los unos respecto de los otros; sin autoridades ni leyes comunes: en la más soberana libertad. Resolvemos nuestras contiendas a palos. El rey más civilizado de la Europa es un «Calfucurá» respecto del soberano vecino, en cuanto a la independencia de toda ley y de toda autoridad común. Damos a este régimen de cosas el nombre de «derecho de gentes», precisamente por ser la rama del derecho que más bien merece llamarse «derecho de animales».

«Así, no teniendo ejército para imponer a los salvajes nuestras leyes, por el método de los emperadores romanos, ni por los terrores celestes empleados por los jesuitas, haremos que las reciban por gusto; y para que tengan gusto en obedecerlas, haremos que ellas confirmen una parte de su derecho civil de matar y robar legítimamente.

»Como Moisés, como los primeros legisladores teocráticos, haremos creer a los indios, por el tenor de nuestras leyes, que todo lo que existe y sucede en "Quijotanía", es porque así lo ordena y manda nuestro código civil.»

—Ese secreto de Moisés era también el de nuestro paisano el poeta Quevedo, observó el gallego: «Para verse seguido por las mujeres, no hay sino caminar delante de ellas».

—Es el secreto de todos los legisladores sabios —dijo don Quijote—, que saben ser meros copistas de Dios, cuando hacen leyes, que ya están hechas, y escriben códigos, que rigen el mundo sin estar escritos.

—Ese método —observa el secretario—, tiene un inconveniente y es que él puede acabar por hacer creer a los que marchan por delante de las cosas, que son las cosas las que los siguen a ellos, en materia de legislación y de gobierno.

—Tanto peor para los que sucumban a esa fatuidad —responde don Quijote—, pues tendrán la suerte de Satanás, que cayó de su altura eminente, precisamente porque se creyó tan poderoso como Dios.

—Yo creo —dijo el gallego—, que para evitar disputas y pleitos de «contrefaçon», falsificación de leyes, con el Legislador Supremo, lo más seguro sería copiar uno de esos códigos con que los emperadores y reyes absolutos amoldaron las sociedades de su mando, para hacerlas servir al ensanche y sostén de su poder nacional. Sería el medio de ganarles su gloria, sin tomarse su trabajo.

—Pero mi secretario olvida —dice don Quijote—, que para imponer copias de códigos, cuyos originales se impusieron a los pueblos por la fuerza de los ejércitos, se necesitan ejércitos de ese mismo poder, es decir, ejércitos de soldados, no de carneros. Lo más obvio y económico en nuestro caso será copiar al legislador que codificó sin ejércitos. De este modo, en vez de copiar copias, copiaremos el original mismo del «código civil de la creación».

—¡Pues qué! ¿Hay un código civil de la creación? ¿dónde está ese código? ¿quién lo conoce? —pregunta el gallego.

—En todas partes, para el que sabe leerlo —responde don Quijote—. Vivimos en virtud de sus preceptos y los seguimos sin pensarlo, como meros instintos condicionales de la vida. Yo dictaré a mi secretario el plan y las bases de ese código de los códigos, para que en la calma del recogimiento medite y haga nacer todo su texto de las grandes bases y según el plan que me limitaré a diseñar en el siguiente «título preliminar», o prefacio, o preludio, o sinfonía del «Código civil de Quijotanía».

Bajo su dictado el secretario escribe lo que sigue:

XVIII. Código civil de la creación. Título preliminar

«El Código civil o social de la creación se deriva todo entero del plan de la creación animal.

»El código es el camino, el plan es el fin. Definir el fin, es encontrar el camino.

»Es el plan de la creación vivir y desarrollarse continuamente, mejorando cada vez más su vida. Si se interroga al animal (hombre o bestia): ¿qué quiere, qué busca que necesita en este mundo? Por todos sus instintos, por todos sus actos, su respuesta universal y uniforme, será: "vivir, vivir mucho, vivir bien" y cada día mejor.

»Hasta en los combates sangrientos, el hombre muere, buscando mejorar su vida. Este es un fin desde que nace por la voluntad de otros, hasta que muere contra su voluntad propia. Si hay quienes mueren por su gusto, la ley no es hecha para ellos, porque son fenómenos aislados de la vida.

»Así la vida, más que el hombre, es propiedad de la especie humana. El individuo no es sino la forma de la especie, pero forma elemental y esencial, sin la cual la especie perecería como el individuo.

»Cada especie, en el plan de la creación, es una criatura colectiva, un ente compuesto y multíplice, cuyas partículas o individuos se tienen asidos recíprocamente, por leyes fisiológicas que presiden a su común y, a la vez, parcial conservación y desarrollo. Esas leyes, en conjunto, son el código civil o social del ente colectivo y multíplice, que se llama sociedad. Los individuos de que está formado están sujetos y encadenados entre sí, por las necesidades recíprocas de su existencia, como las partículas de que consta el cuerpo de cada hombre o como los planetas de que compone el ente o grupo astronómico, que se llama "sistema planetario". La sociedad vive por el individuo y para el individuo, porque el individuo vive por la sociedad para la sociedad. Según esto:

»Las "divisiones y objetos del Código civil de la creación" nacen simplemente del plan de su instituto, que se reduce a mantener y desarrollar la vida de la humanidad, en su forma natural, que es la "sociedad". Su orden es siguiente:

»Primero que todo, la concepción de la ley; es decir su definición, su promulgación, su alcance, sus efectos.

»Luego, el "hombre" y la producción de su ser. De aquí el "matrimonio", la "familia";

»Luego su "crianza" y desarrollo. De ahí la "patria potestad", la "tutela", la "curatela";

»Luego, las "cosas" asociadas y adheridas y asimiladas al hombre, como accesorio de su persona y condición de existencia. De ahí la "propiedad";

»Luego, el movimiento circulatorio de la propiedad como la circulación de la sangre, distribuye la vid en todos los miembros que la sociedad se compone, por la acción de su facultad más noble, la libertad de su volutad. De ahí los "contratos y obligaciones";

»Luego la perpetuación del hombre por su posteridad y descendencia, de que es condición natural la "herencia", por la cual el hombre sigue haciendo vivir a su posteridad desde la tumba.

»El "código civil de la creación" no encierra, en grande, otra cosa ni sustancia —dice don Quijote—; pero es hecho que todo esto está en el código de la creación y pertenece al orden de lo creado. La "ley", la "familia", la "propiedad", su "circulación" por la voluntad libre del propietario —único "comunismo" conciliable con la "libertad", es decir, los "contratos", la "herencia", son instituciones civiles o sociales fundadas por el Creador del hombre, no son creaciones del hombre. Admitiendo que el Gobierno no es hombre, sino "Vice-Dios".»

XIX. Títulos-espécimen o muestras deducidas de las bases que preceden
Título primero
De las leyes

«Art. 1°. La ley social o civil es la necesidad de todos, sentida y proclamada por uno solo. Este uno solo es el soberano, es el gobierno, es el legislador.»

—Sin duda —interrumpe el secretario—, eso debe de estar ilegible, o mal escrito en el «Código de la creación». ¿Cómo se puede saber que una necesidad es de todos, si todos no la sienten, y proclaman? ¿Se puede sentir frío, hambre, sed, o dejar de sentir estas necesidades por conducto de un procurador?

—Ciertamente que no —dice don Quijote—, estando a lo vulgar y común; pero este es el gran misterio de la ley y de autoridad que la da. Sin misterio no hay religión, ni ley, ni creación, ni Dios, ni alma. ¿Conoce el hombre la naturaleza de estas cosas? ¿Dejan de existir porque no las conozca?

«Dios no necesita conocer el hambre para legislar sobre el hambre.

»Si la necesidad sentida por todos debiese ser proclamada como ley por todos los que la sienten, la ley vendría a ser hecha por todo el mundo, es decir, por la sociedad y naturalmente para la sociedad, lo cual quitaría al

Gobierno toda razón de ser y existir; y yo y mi secretario perderíamos el gobierno de "Quijotanía ipso facto". Esto es contrario al orden de la historia. No se conoce un código civil que no haya sido hecho por uno solo y para un solo, es decir, para el Gobierno. No se conoce hasta hoy una sociedad que se haya legislado y codificado por sí misma y para sí misma. En cuanto a la nuestra, se quedará sin leyes civiles perpetuamente si espera a ser capaz de intervenir en su sanción. No será, "Quijotanía", compuesta de carneros, la que dé al mundo el ejemplo de lo que no se ha visto hasta hoy.»

XX. Del legislador

«Art. 2°. Hace la ley el que hace la necesidad, y es autor de la necesidad el autor del hombre.

»Luego el poder soberano de legislar la sociedad pertenece al Gobierno, como creador supremo que es de todo lo que existe bajo su poder.

»El Gobierno rehace lo que Dios hace. Es el segundo creador del hombre, en el sentido de que, pudiendo quitarle la vida, se la deja. Deudor al Gobierno de su vida, el hombre es su criatura, en este sentido. Todo hacedor es legislador natural de su obra, de su hechura.

»Como hace al hombre, el Gobierno hace las leyes y condiciones orgánicas del hombre; hace sus facultades, sus derechos y deberes, sus instituciones, sus progresos, su civilización. Hace todo esto dejando de impedirlo. No es su matador, luego es su creador. Por este método ha sido hecha la unión actual de la nación o sociedad argentina, mediante el poder humano de sus presidentes.

»El Gobierno hace los hechos por el hecho de no deshacerlos e impedirlos. Organiza la nación por el hecho de no desorganizarla. En una palabra, el Gobierno es autor de todo, por el hecho ventajoso y cómodo de no ser autor de nada. Es el segundo misterio de su instituto divino.

»En este sentido histórico, el Gobierno es la Vice-Providencia, el Vice-Hacedor de la nación de su mando.»

XXI. De los efectos de la ley

«Art. 3°. En consecuencia del artículo anterior, la ley no tiene efecto retroactivo, ni efecto activo, ni efecto preventivo. Es decir, que la ley no cambia la historia, porque los hechos están hechos; ni el presente hijo del pasado, porque los hechos de hoy son hijos naturales de los hechos de ayer; ni el futuro, hijo del presente por la razón dicha dos veces.

»Todo el efecto de la ley es entonces negativo, y consiste en dejar las cosas como estaban.

»El solo efecto positivo de la ley es hacer vivir al legislador, es decir, al gobierno que la hace, que la reglamenta y que la ejecuta.

»Cuanto más negativa es la ley, más eficaces son sus efectos, porque las personas y las cosas del orden social están ya legisladas por su hacedor primero.»

XXII. De las personas

«Art. 4°. Aunque es un hecho que la ley rehace las personas, teniendo presente que los hombres están ya hechos, y que la experiencia ha probado que su hechura no es mala, se confirman por el Código de «Quijotanía», las tradiciones y costumbres siguientes relativas a la producción del hombre, a su conformación o hechura, a su crianza y desarrollo.

»Art. 5°. Todo el que nazca en «Quijotanía», continuará en la obligación de ser hijo de un hombre y de una mujer. Ninguno podrá producirse a sí mismo. Es prohibida, por la ley toda especie de generación espontánea».

—Pues es lástima —interrumpe el secretario—, porque este sería tal vez el medio de evitar las desuniones que suscite la unión matrimonial.

—Mi secretario —dice don Quijote—, verá en los artículos siguientes la razón de ser de la unión matrimonial. Si cada ser se produjera por sí mismo, la sociedad no existiría por falta de objeto. El hombre dejaría de ser un ser social, perfectible y capaz de civilización. La sociedad tiene su principio y raíz fundamental en la necesidad que tienen unas de otras las tres personas, que suponen el hecho de la producción del hombre. Esa sociedad de tres debe la persistencia que la hace ser institución a la indigencia con que el hombre viene al mundo.

XXIII. Usos confirmados

«Art. 6°. Confírmase por este Código la costumbre según la cual todo hombre en «Quijotanía», está obligado a nacer diminuto, desnudo, desarmado, iletrado, mudo, estúpido, incapaz hasta de tenerse de pie.»

—¿Y por qué tanto privilegio para nuestra querida raza? —pregunta irónicamente el secretario, por no reírse a carcajadas.

—Pues no es ironía —dice don Quijote— el llamar «privilegios» a esos aparentes rigores. Si el hombre naciese vestido, como el carnero, no sería él fabricante de las ricas y variadas telas con que cubre su desnudez, hermoseando su persona. Si naciese armado como el león, no sería el inventor del cañón Krupp. Si naciese instruido y productor como la abeja, no seguiría viviendo de la vida de su madre los largos años que requiere la infancia de su vida secular; ni la madre, dividida en dos existencias, viviría esos años bajo el amparo del autor de esa multiplicación. La cadena que de esos tres seres hace un grupo necesario a su recíproca existencia, es la ley de la «familia» y la familia es el taller en que se renueva y perpetúa la especie humana en su forma natural: la sociedad civilizada.

«Art. 7°. A ningún hombre, en "Quijotanía", será permitido por las disposiciones de este Código quedarse toda su vida en las condiciones vergonzantes con que viene al mundo. Así, tan pronto como nazca, empezará a crecer gradualmente en sus facultades físicas, morales e intelectuales, para bastarse a sí mismo, hasta alcanzar el nivel de sus padres, a los veinticinto años, más o menos.

»Art. 8°. Cada hombre es libre de vivir, si puede, más de cien años, pero la ley no permite vivir dos siglos.

»Art. 9°. Se adjudica a cada hombre, por la duración de su vida, la propiedad de toda su persona, y nadie podrá despojarle de sus pies, de sus brazos, de su cabeza, ni de sus sentidos, so pena de nulidad.»

XXIV. De las cosas y su propiedad

«Art. 10. Dueño de su persona, el hombre es dueño y propietario de todas las cosas que le tienen por autor y creador, y que sin formar parte de su persona, son necesarias a su existencia. Ocupar y tener, es producir, cuando es sin quitar a otro lo que ha ocupado o producido.

»Art. 11. La propiedad individual es consagrada por el Código Civil en provecho de la sociedad toda entera, no por un comunismo ciego y animal, sino por su aptitud a circular entre todos, por la voluntad libre de cada uno, en servicio de sus necesidades respectivas, tan variadas y diversas como las propiedades mismas.»

—Yo creo —dice el secretario—, que este es el momento de hacer una observación, que interesa a los destinos sociales de «Quijotanía».

—¿Cuál es? —pregunta, sorprendido de la observación el legislador de «Quijotanía».

—La propiedad dividirá un día nuestra sociedad de «Quijotanía», como tiene divididas a todas. Para preservarnos de ello con tiempo, ¿no convendría prevalernos, de la sanción del código para suprimirla del todo, en provecho de todos, puesto que «la ley es la necesidad de todos?»

—«Sentida y declarada por uno solo» —interrumpe don Quijote—, y ese uno solo, que aquí soy yo, no gustaría desprenderse de lo mucho que tiene en provecho de gentes que nada tienen.

«A mi vez aprovecharé de este momento para explicar a mi secretario colegislador que la propiedad, lejos de ser la anarquía, es el orden y la paz de las sociedades.

»No es de una buena legislación, ni de una buena política, lo que no está en la naturaleza de las cosas. El comunismo en el sentido de una fusión de todas las propiedades individuales en una sola propiedad pública y común, es imposible, no según el código A, B, C, D, sino según el código civil o social de la creación. El hacedor de todo lo creado ha hecho la propiedad individual haciendo al individuo; y yo, legislador y modesto vice-creador de "Quijotanía", no puedo separarme de las instrucciones de mi comitente divino. La propiedad individual es el individuo mismo, considerado en las cosas que le deben a él su segunda creación, y se hallan adheridas a su persona para alimentar su existencia de hombre civilizado.

»No habría más que un medio de suprimir la propiedad individual; ese medio sería el suprimir al individuo mismo.

»¿Es posible hacer de dos o más hombres uno solo? Pues tan posible como esto es refundir dos o más propiedades en una sola propiedad definitiva y permanente. Si los dos o más propietarios continúan a ser dos o más individuos distintos, las dos o más propiedades suprimidas no tardarán en producirse de nuevo.

»Por otra parte, suprimir el individuo sería suprimir la especie humana. Si por un milagro, de que solo Dios es capaz, se refundiesen todos los individuos que la forman en un solo y único individuo, ese sería el preludio de su muerte, porque siendo mortal todo individuo, la especie humana hecha un solo hombre dejaría de existir al fin de ese único individuo. La especie humana no es perpetua, sino porque se compone de individuos, que no mueren y se reproducen sino para que la especie subsista siempre.

»Y así como el "individuo" es la forma esencial, que ha recibido la "especie" para renovarse y vivir perpetuamente, así la "propiedad individual" ha sido hecha para utilidad y goce de la sociedad entera. Y no deja de ser útil a ese destino, sino cuando es suprimida para formar un comunismo destructor del orden natural de la sociedad humana.

»No hay duda que platónicamente y en abstracto se hacen de dos o más propiedades una sola, pero es a condición de hacer de dos o más personas una solo persona ideal y abstracta, es decir, una persona que no existe sino en la idea. Eso es el "matrimonio", que de marido y mujer compone una persona; eso es la "sociedad colectiva", que de muchos asociados compone una persona moral y abstracta. Pero esa fusión o comunismo es puramente artificial y platónica. Ella no impide que los dos o más individuos refundidos en uno solo, por el Código Civil, sigan existiendo como dos individuos por el código de la creación. Y basta esto solo para que la propiedad individual siga existiendo en el seno mismo del comunismo abstracto y sin realidad.

»Más que el individuo mismo, la propiedad individual es la fuerte y poderosa razón de ser de la sociedad civilizada. O mejor dicho, la propiedad es la civilización, no solamente porque ella es el hombre considerado y garantizado por la sociedad en su dominio sobre el mundo físico, exterior a su persona, que su genio ha sabido amoldar y anexar a ella para completarla y extenderla, sino porque la propiedad es el mecanismo por el cual un hombre, que no produce más que una sola cosa, goza de todas las cosas que los otros producen, mediante el cambio libre, que el hecho de la sociedad hace posible.

»Hasta por sus excesos la propiedad ha servido a la civilización humana elevándola al ideal de perfección de que es capaz el hombre. Sin esos hacinamientos anormales de la propiedad, llamados "grandes fortunas", la sociedad no habría conocido jamás esos modos de existencia que han exaltado al hombre hasta dotarlo del tacto de los dioses para lo que es discernir lo bello, lo bueno, lo justo, lo noble, lo grande, como es incapaz de concebirlo el que no es más propietario que lo es un carnero o un caballo.»

—Ya veo —dice el secretario—, que mi augusto patrón no peca de «socialista».

—Al contrario —responde él—: yo soy socialista por excelencia, como lo somos todos los soberanos y legisladores que hemos hecho la sociedad, por la acción de nuestros códigos civiles. Pero mi socialismo es el de la creación. La sociedad es obra de Dios, como el individuo, que no es sino su forma. Si no hubiese más que un solo hombre, no habría sociedad, porque ¿de quién sería socio ese hombre solitario? ¿Tú crees que el padre, la madre y el hijo, están en sociedad por un pacto que ha estado en su mano celebrar o no celebrar? Pues la gran sociedad en que viven los hombres de la especie humana no han sido ellos más libres de no celebrarla que lo han sido los tres seres de esa sociedad, formada por Dios, que se llama la "familia".

XXV. Proyecto de matrimonio internacional de Don Quijote con una princesa indiana

Al oír estas ideas, el secretario se quedó cavilando sobre cuáles han podido ser los libros que de ellas han poblado la cabeza de su señor; pues nunca lo creyó capaz de elevarse a tales concepciones, que por otra parte, eran contrarias enteramente a las ideas que sobre los mismos puntos le había conocido en otro tiempo no lejano. Su incoherencia hacía sospechar que no eran suyas.

Presto, aprovechándose de la última expresión, el secretario se permitió sugerirle en el interés de la organización social de "Quijotanía" la conveniencia que habría en que el señor Gobernador tomase por esposa una gran dama extranjera, como hacen los soberanos con la triple mira de formar una dinastía para el Gobierno del nuevo Estado; de legislar y afirmar el código por la autoridad del ejemplo de una vida ejemplar de familia; y por fin con la mira política de atraer las razas indígenas y sus territorios, si don Quijote elige por esposa a una princesa de las «Pampas» o de «Patagonia». Un soberano que conserva un resto de juventud y su estado de celibatario, es un escándalo público, es un peligro social, y si a la juventud añade la elegancia, entonces es la espada de Damocles suspendida sobre la cabeza de todas las vírgenes del país.

Don Quijote no halló de repulsivo en la sugestión sino la candidatura de la novia. Poco crédulo se mostró en las dulzuras de una Dulcinea que come carne cruda de yegua, que anda desnuda, y monta a caballo como hombre. Como sus damas de honor serían de su misma raza y familia, no sería mucho el atractivo que darían a la corte de «Quijotanía». Y no serían pocos los que viniesen en busca de un rango en la lista civil, pues si la familia, entre los salvajes, es como no existente para todo deber moral, es abundante en personal cuando se trata de recibir su parte del precio en que es vendida la novia al pretendiente más insolvente. Por el lado político es menos sostenible la candidatura de una princesa de la «Pampa» para reina de «Quijotanía». Ningún hombre desciende impunemente cuando se casa con su inferior. La cabra siempre tira al monte, aun en los países pampas o llanos. Todo el que desciende se degrada a los ojos de su misma consorte, que no por eso se releva. La mujer advenediza es el peor tirano de su marido, si es superior a ella en casta, en fortuna o en belleza.

—Para un casamiento político —dice don Quijote—, no se debe olvidar el precedente clásico que nos ofrece la historia americana. Los indios del Perú deificaron y pusieron en el trono a un irlandés que naufragó en sus costas, porque la rubicundez desconocida de sus cabellos y el color rosado de su rostro los hizo creer que era hijo del Sol. Ese fue «Manco-Capa», el fundador de la dinastía de los Incas. Nacido en el «Cuzco», su color tostado y amarillo le hubiese relegado en el último rincón.

El gallego, que ya cree ver aplicado este precedente al «Manco-Capa de «Quijotanía», hace notar a don Quijote que si él no es rubio, al menos es blanco, y puede pasar por hijo de la Luna, ya que no del Sol; pero si prefiere pasar por hermano de parte de padre del más antiguo de los Incas, se puede hacer venir un peluquero francés de Buenos Aires, que en dos minutos lo pondría más rubio que Manco-Capa.

—Ya pasó el tiempo —dice gravemente don Quijote—, de conquistar a los indios por estos medios. Los indios Pampas viven hoy en pleno siglo XIX, para lo que es medrar de la civilización, ya que no para servirla. En lugar de ser conquistados, son ellos los que conquistan. Los papeles se han cambiado. Un día de estos irán a la ópera italiana en Buenos Aires, y clavarán sus tiendas en la «Plaza de la Victoria».

«Otro es el medio de conquistarlos pacíficamente al favor de su ignorancia de hombres semi-civilizados, es hacerlos creer, sentir o admitir la idea de que el poder del Gobierno es sobrenatural e infalible. ¿Por qué serían ellos incapaces de esta creencia, que es la del pueblo sudamericano de origen latino? Así, yo vuelvo al proyecto de Código, y concluyo por estas:»

XXVI. Disposiciones generales que interesan al orden público

«Art. 11 y último. La mar de "Quijotanía" se tendrá en sus límites y la tierra en los suyos. El fierro seguirá siendo más pesado que la tierra, la tierra que el agua, el agua que el aire, el aire que el vapor. La tierra de "Quijotanía" se abstendrá de cambiar de latitud y longitud y conservará, en virtud de lo dispuesto en este Código, su clima, su horizontalidad, su desnudez, su avidez, su pobreza.»

Pero, señor Gobernador —interrumpe el secretario— ¿por qué no aprovechar de la feliz ocasión que presenta la sanción de este Código para dotar a esta tierra de algunos cerros y elevaciones, que quiebren su monotonía, den corrientes a sus aguas muertas, y bellos arbolados a la desnudez de sus llanuras?

—Porque eso sería empobrecerla en vez de enriquecerla —dice don Quijote—. Con el suelo sucede lo que con el hombre. «Quijotanía» será un día el país más rico y opulento de la América del Sur, precisamente porque la naturaleza ha negado a su suelo esa riqueza espontánea e increada, que solo sirve para engendrar al ocioso, es decir, al pobre, al atrasado, al bárbaro. Los destinos de «Quijotanía» están previstos en la historia de la Prusia, de la Holanda, de la Inglaterra, de la América del Norte, países que han debido lo que son en laboriosidad y progreso a la ingratitud del suelo que les tocó por morada desde la cuna. Los países que nacen ricos son como los animales que nacen vestidos: se quedan animales, porque no necesitan inventar el medio de vestirse. El hombre no es el soberano de la tierra, sino porque nace desnudo, desarmado, ininteligente, iletrado, impotente, y así queda muchos años de su vida.

«Finalmente, el código no cambiará el suelo de "Quijotanía", por otra razón no menos plausible, y es que aunque decretase su cambio, se quedaría el mismo que es hoy. Ya se ha dicho que todo el poder de la ley consiste en dejar las cosas como están: la ley sanciona lo que es, y nada más.»

—Entonces —dice el gallego— las leyes son inútiles.

—Que sí —replica don Quijote—, pues sin ellas el soberano no tendría qué hacer ni en qué ocuparse, ni motivo de ganar emolumentos, ni razón de ser su gobierno.

«El Código civil de la creación está hecho, y está en ejercicio, pero no está escrito ni promulgado.

»Este es el papel del Vice-Creador, es decir, del soberano. El legislador es un augusto copista, cuando legisla de buena fe; es un plagiario cuando se pretende autor.»

XXVII. Debates sobre el código

El joven gallego no gustó de este proyecto, o, mejor dicho, no lo entendió; como discípulo que era, con todos los mozos de su edad, de las doctrinas revolucionarias, que tienen por Evangelio el Contrato Social de Rousseau. No gustaba de nada que oliese a «derecho divino». Lo halló tan poco consecuente con las ideas conocidas de don Quijote, en su política americana, que atribuyó ese extraño «factum» a una de esas lecturas que todos los días trastornaban la cabeza del voluble y generoso caballero. Pero se guardó de expresar a su jefe estos motivos de su divergencia en la apreciación de su proyecto. El lo objetó de inadecuado al país, y de contrario a la conocida regla de Solón de acomodar las leyes a la capacidad del pueblo, que debe recibirlas, no a un tipo abstracto de perfección absoluta. Contrariamente a esta regla, el proyecto de Código Civil había sido concebido para hombres civilizados, cuando en realidad estaba destinado a ser ley de un pueblo de carneros, de caballos y de vacas, tal como «Quijotanía». Hechas con respeto estas observaciones, solicitó de su augusto jefe el permiso de someterle un «contraproyecto» de ley civil, que el legislador y libertador podía sancionar o desechar según su soberano albedrío de propietario propiamente dicho.

Autorizado por Don Quijote, que solo se reservó modestamente la independencia de su opinión y de su acción soberana, su secretario le sometió las siguientes bases de un contraproyecto de Código, que debía redactar más tarde, en una especie de discurso preliminar que damos aquí en extracto.

XXVIII. Bases de un contraproyecto de Código Civil

«El codificador de "Quijotanía", (escribió el gallego), se halla en faz de una cuestión semejante, a la que calificó Hamlet de "to be or not to be"; por relación, no a su persona, sino al pueblo de su mando.

»¿Somos o no somos un Estado soberano?

»¿Es o no verdad que la ley es la voluntad general?

»¿Es o no cierto que la voluntad general es la voluntad del mayor número?

»¿Es o no verdad que el mayor número emite su voto universal por el voto particular de su gobierno?

»Luego el poseedor de este sufragio omnipotente tiene en su mano el poder de dar a su pueblo la forma y condición que más le guste, y la ley de "Quijotanía", se define: "la voluntad general del pueblo" traducida y expresada por la "voluntad particular de su gobierno". Más fuerte que el legislador de derecho divino, ejecutor servil de un poder ajeno, el gobierno de "Quijotanía", será una segunda Providencia, será el Júpiter de su potentado, el segundo hacedor supremo de sus súbditos.

»Desde entonces, su ley civil, apoyada en la ley de Darwin (selección natural), tendrá el poder y la misión de crear la materia legislable, antes de legislarla, la materia primera del estado, antes que su manufactura política. Es el método que la lógica de la creación comanda al trabajo de nuestro código social: es el orden natural que han invertido las demás Repúblicas de Sur América, dando leyes antes de hacer la sociedad, que debe recibirlas, es decir, legislando seres que no existen.

»Si la ley debe ser hecha para el estado, según su capacidad de recibirla, como dijo Solón, no es menos evidente que el estado debe ser hecho para la ley.

»Luego nuestro pueblo debe empezar por ser codificado, como si estuviese compuesto de hombres civilizados.

»Nuestro código debe ser hecho para crear el pueblo que no tenemos, y crearlo de modo que sirva para la codificación más acabada; debe responder a las necesidades sociales del momento, no a las necesidades que no se sienten todavía.

»La primera necesidad de nuestra sociedad es salir de la heterogeneidad de sus clases, en virtud del principio republicano que nivela y uniforma todas las condiciones.

»Si nuestro pueblo debe componerse todo él o de puros hombres, o de puros carneros, es preciso que la ley civil, fundada en la ley de "selección natural", nos "carnerice" a los hombres de la colonia (empezando, naturalmente, por los miembros de su gobierno), o que humanice a todos los carneros, caballos y vacas, de que se compone al presente. Al señor gobernador le toca elegir cuál de las dos formas le conviene asumir y guardar, dice el gallego mirando a Don Quijote.

»La República no admite privilegios de raza ni casta, prosigue. Son más que aristocráticos los privilegios que una clase se arroga entre nosotros de nacer vestida para toda su vida de un traje de lana, que es a la vez materia primera y artefacto, y el cual, creciendo con el portador, como la túnica del Señor, exime al privilegiado de pagar sastres, derechos de aduanas y de fabricación; de vivir de meras yerbas que nada cuestan; de no ir a las escuelas, de no pagar contribuciones ni ser del ejército, ni de la guardia nacional; de ser elector sin ser elegible, lo que es equivalente a hacer trabajar sin tomar parte en el servicio público, gobernar sin ser gobernado (porque "elegir es gobernar").»

—Es por esto, sin duda, que los gobiernos representativos de Sudamérica ejercen el poder electoral de elegirse a sí mismos —observa de paso Don Quijote en apoyo de su secretario.

Después de agradecer esta interrupción, el secretario prosigue en estos términos:

149

—Estos privilegios que hacen de nuestros carneros una especie de estado en el Estado, deben desaparecer en nombre de la igualdad republicana y de la integridad del país. La ley social tiene el deber y los medios de hacerlo. Preciso es que nuestro Código Civil, en su primer libro sobre las «personas», empiece por transformar la del ciudadano, que se aparta de la condición del hombre, y que todos los ciudadanos actualmente en forma de carneros, toros y caballos, sean obligados a nacer, en lo futuro, en forma de hombres, iguales anatómicamente a los miembros del Gobierno.

«La ley debe prescribirlo así bajo pena de nulidad del nacimiento en caso de contravención.

»Para ello debe la ley señalar un término improrrogable a las ovejas y demás ciudadanos animales, pasado el cual todo habitante que, en vez de nacer en forma de hombre, nazca como hasta aquí en forma de carnero, será suprimido según el uso de Esparta, como ciudadano imperfecto e inútil, o como un mal "tipo", según la ley de Darwin (selección natural).

»Solo después de un lapso de tiempo en que este código preparatorio haya humanizado y uniformado el pueblo de "Quijotanía", será promulgado y empezará a regir el Código Civil según el plan de la creación, bosquejado ya por el señor gobernador libertador. Antes de esa metamorfosis necesaria, sería ineficaz y extemporánea la sanción de toda ley a hombres civilizados. La ley extemporánea es como dada a seres de otra especie o de otro mundo. Promulgar para Código Civil de un pueblo de carneros el ideal del Código Civil de hombres cultos, es como dar las leyes anglosajonas del gobierno de sí mismos a pueblos de origen español, que durante toda su vida han tenido tanta parte en su gobierno propio como los carneros la tienen al presente.

»En cuanto al gobierno de su propia persona, que es el grande objeto del código social (pues en él consiste la libertad humana), mal puede el hombre gobernar bien lo que está mal hecho. Toca al Código Civil reformar la geografía del cuerpo humano, en el sentido de su libertad o buen gobierno propio. Siendo la cabeza la capital del hombre, y siendo la capital la que gobierna, importa colocar bien la cabeza para que bien gobierne. Hasta aquí el hombre ha tenido la capital de su cuerpo encima de sus hombros, es decir, en un confín o extremidad de su persona, de donde ha resultado que su razón ha ido por un lado y su conducta por otro, porque sus pies han estado en el extremo opuesto de su capital. Para que los pies y la cabeza marchen acordes, es preciso acercarlos entre sí, colocando la cabeza en medio del cuerpo humano, como toda capital debe estarlo en un cuerpo bien construido.»

—Pero eso no debe ser —grita alarmado don Quijote—. ¿No ve mi secretario que trasladar a capital del hombre al centro de su cuerpo es colocarla en mala vecindad, y obligarla a vivir como ella, toda cubierta, sin poder ver ni gobernar?

—Lo de menos —dijo el gallego—, será remediar ese inconveniente, pues bastará trasladar la vecindad al lugar en que estaba la cabeza, no siendo más imposible lo uno que lo otro para el omnipotente legislador de «Quijotanía».

A pesar del cumplimiento, don Quijote no se mostró satisfecho de un cambio de geografía, que podía exponer a los extranjeros, construidos según la geografía antigua, es decir, con la cabeza en los hombros, a desagradables equivocaciones, cada vez que tuviesen que hablar o verse con los súbditos de «Quijotanía».

—Este proyecto —dijo el gallego—, por conclusión de su preliminar, no es obra mía, sino de mi augusto jefe, en cuyas ideas, que tantas veces le he oído emitir, está fundado casi literalmente.

Don Quijote, sea por convicción, o por picarse de consecuente, aceptó las bases del contraproyecto, con dos enmiendas: 1.ª la del título, por no ser en realidad un contraproyecto, puesto que el otro debe sancionarse más tarde; 2.ª la supresión de las palabras que consagran la pena de exterminio contra todo carnero que no nazca en figura de hombre, después del término fijado por la ley, por la razón de que, si ese término resultare insuficiente, por un error de cálculo del legislador, no sería justo ni político exponer al Estado a desesperar en sus jóvenes generaciones, nacidas según el antiguo régimen. Don Quijote, en medio de su locura de legislador libertador, no desconocía que al fin sería él, quien tuviese que pagar con su bolsillo los efectos de la pena de exterminio contra sus carneros que no nacían en forma de hombres. Su fe en la ley de selección natural no llegaba hasta exponerse a sacrificarle su bolsillo.

XXIX. Diplomacia y política exterior de Quijotanía

Puesto en este estado el trabajo de la codificación en lo civil, que en realidad no era sino el de la proyección del futuro edificio, los miembros del Gobierno de «Quijotanía», se ocuparon de la diplomacia, es decir, de la vida exterior del nuevo Estado.

—Tan pronto —dijo don Quijote—, como nuestro Estado empiece a llamar la atención del mundo, su soberanía va a ser objeto de codicia para todos los aspirantes a la Patagonia, en cuyo territorio estamos colocados. Felizmente es grande el número de esas aspiraciones. Lo forman la República Argentina, Chile, el Brasil, Inglaterra, y las «tribus indígenas», que habitan la Patagonia y sus adyacencias.

«Nuestra diplomacia tendrá que hacer de sus rivalidades encontradas la piedra fundamental de la independencia de "Quijotanía". Empezaremos por buscar nuestro rango natural de estado semisoberano, en el seno de la Confederación Argentina, de cuyo territorio es el nuestro como una mera prolongación geográfica. Si la ambición de esa nación no se contentase con la mitad de nuestra soberanía, la asumiríamos en su totalidad, apoyándonos en la aspiración rival menos interesada, que es la de Inglaterra. Haremos una alianza ofensiva y defensiva con el gobernador de las Islas Malvinas, en previsión de eso.»

—Pero no tiene poderes para ello —observó el secretario—. El poder diplomático de las Islas de Falkland (a) Malvinas, está en Londres.

«¿Y qué idea han tenido los ingleses en colocar tan a trasmano el centro de su poder diplomático?» —añadió el secretario.

—¡No importa! Iremos a Londres —dijo Don Quijote—. Irás tú mismo de embajador, y puede ser que la misión te valga de paso un regio casamiento: es decir, un «casamiento internacional».

—¿Con quién? —preguntó el gallego.

—Con alguna hija de la reina, nada menos.

—Si están casadas todas.

—Pues entonces con alguna sobrina.

—Es imposible.

—¿Por qué?

—Porque no soy príncipe, ni tengo sangre regia. A no ser que el señor gobernador se proclamase «Rey de «Quijotanía», y me adoptase como su hijo y heredero de la corona, según hizo «Julio César» con «Augusto».

—La idea no es mala —dijo don Quijote—, y como los «Césares» están vecinos de «Patagonia» al otro lado de los «Andes», no sería difícil que me tomen por uno de los Césares de «Araucanía». Si la forma de gobierno es resultado de la voluntad soberana de cada país, tanto derecho tengo de proclamarme «Rey» como «Gobernador», y muy mal entendida sería la modestia del que tomase el título más humilde por el más alto. ¿Quién duda de que me iría mejor el título de «Majestad» que el de «Excelencia» y «Señoría»? Puedes contar que serás príncipe, dijo al secretario, que se aterrorizó al ver cercano y posible aquel enorme y brusco ascenso.

—Yo creo —dijo el gallego— que será mejor mandar una misión preparatoria, de la cual podría ir yo como secretario para ver y estudiar de cerca las cosas y condiciones del gran cambio monárquico, antes de realizarlo.

—¿Y a quién daríamos esa misión? —pregunta don Quijote—. Yo sé bien que si mandamos un carnero será recibido como embajador, y aun hará papel en el mundo diplomático si conseguimos que se tenga en dos pies, que se abstenga de balar y de comer pasto en los parques frecuentados por el mundo elegante. Hablarías tú por él, le harías las notas y discursos y las cartas de excusa para eludir por sistema los convites comprometentes a comidas, bailes y fiestas de todo orden. Pero como no se puede responder de que en un parque de Londres, al ver los carneros que allí apacentan en el musgo, no se ponga a dar gritos de simpatía por esa gente que allá ocupa un rango bien subalterno, mejor será mandar de ministro diplomático a un indio patagón. No le faltará la calidad soberanamente diplomática de no entender ni ser entendido de nadie; y tú tendrás carta blanca para atribuirle cuantos pensamientos puedas recoger de los libros menos conocidos de la diplomacia, sin temor de verte desmentido por él. Gracias a esta calidad podrás ofrecerle algunos diplomas de miembro correspondiente de algunos cuerpos sabios y dar a la prensa con su nombre y como obras de su pluma algunos manuscritos inéditos que podrás comprar a sabios oscuros, que se mueren de hambre. Al prestigio de su ciencia y de su cultura así probada, añadirá en breve nuestro indio el de una probidad incorruptible, pues no habrá cruz, ni condecoración, ni dinero, con que puedan corromper el desinterés de su patriotismo patagón.

—Es verdad —dijo el gallego—, con tal que no le dejemos pasar por frente de alguna talabartería, porque si llega a ver frenos, riendas, cinchas, sillas u otros aparejos de montar a caballo, difícilmente podrá disimular al ojo menos perspicaz su capacidad de entregar diez veces la «Patagonia» entera al primero que le ofrezca un par de cajones de esos artículos.

—No olvidemos, entretanto —dijo don Quijote—, que estos serán expedientes extremos de que no echaremos mano sino en el caso de ver desairada nuestra aspiración a tomar el rango de Estado confederado en el seno de la República federal vecina. Ver satisfecha esta aspiración, debe ser todo el objeto de nuestra política semiexterior, por ahora.

XXX. Fines interiores de la política exterior de Quijotonía

En efecto: las veleidades de independencia nacional, de monarquía, de alianzas de familia con las testas coronadas de Europa, no pasaban de platonismo puro. Las miras de don Quijote, que eran más cortas y más positivas, se reducían a ser reconocido y admitido como Gobernador de un Estado confederado, en la «Unión de las Provincias del Río de la Plata», y no era poca ambición, vista la condición de lo que llamaba su pueblo y su gobierno de «Quijotanía». Negociar este reconocimiento, de parte de los poderes centrales de la Confederación, fue el objeto de una misión, que confió a la sagacidad y audacia de un secretario. No se necesitaba en efecto poca audacia y poca sagacidad para persuadir al pueblo y al Gobierno argentinos de la existencia de un Estado de «Quijotanía», en Patagonia, poseyendo una población de cincuenta mil habitantes, un gobierno regular, academias, códigos, constitución escrita, etc., sin que nadie hasta entonces hubiese oído hablar de la existencia de tal pueblo. Todo dependía de los intereses y ambiciones que el negociador supiese encender y suscitar, antes de que le exigiesen y obligasen a exhibir datos y documentos estadísticos, probatorios del nuevo Estado. Habiendo empezado por derramar a manos llenas las esperanzas y promesas de candidaturas para diputados y senadores al Congreso, para miembros de la Academia, para títulos universitarios; de subvenciones gruesas a los periódicos amigos; de privilegios para ferrocarriles, telégrafos, bancos, empréstitos, colonización de tierras, empresas de inmigración, etc., el reconocimiento deseado no se hizo esperar mucho tiempo, como satisfacción debida al clamor de la opinión pública entusiasmada hasta el delirio con la adquisición de un Estado, que parecía caldo del cielo. Nadie pensó en averiguar antes de todo si los hechos eran ciertos: se hubiese reputado traidor al que hubiese vacilado en creerlos.

Se dio como resuelto el problema tradicional argentino de la población y posesión de Patagonia. El censo nacional fue levantado de la mitad de cien mil habitantes. Ya no eran 14, eran 15 las «Provincias Unidas del Río de la Plata». El Gobierno Nacional dirigió un manifiesto al mundo diplomático noticiando el advenimiento del nuevo Estado. El Ministro de Negocios Extranjeros lo avisó por una circular marcada de una satisfacción irónica a los Gobiernos de Chile, Brasil, Inglaterra, etc., como para decirles que perdiesen toda esperanza ambiciosa sobre lo que ya no era el desierto de Patagonia. Solo el nombre de «Quijotanía», fue encontrado mal sonante y sospechoso, y empezaron a reemplazarlo por el de «Estado de Patagonia». Honores infinitos fueron prodigados al Guillermo Penn de la nueva Pensilvania; todos querían conocerlo, ver su retrato. Los artistas empezaron a diseñarlo por las noticias arrebatadas a su ilustre secretario. «Orión» dio en su folletín, como testigo de «visu», la descripción de las ciudades, de los habitantes, de los trajes y usos pintorescos del nuevo Estado, que aseguró haber recorrido.

Publicó un retrato aproximado de su jefe. Habló de sus mujeres, sajonas de raza, de largo y crespo cabello, casi blanco por su rubicundez solar; de su honestidad angelical y de su fidelidad de raza sobre todo. Reprodujo un discurso que dijo haber pronunciado en un banquete ofrecido a su celebridad ruidosa, por todo el pueblo de «Quijotanía», y en que fue proclamado gran protector del continente americano, por sus victorias oratorias obtenidas en su defensa, contra los filibusteros y piratas del lago de Ginebra y del lago de Neufchatel más que todo.

A medida que la persuasión pública y el entusiasmo general se agrandaban, crecía también el terror mal encubierto del secretario sobre las consecuencias que el desencanto debía traerles a él y a su jefe el día inevitable del descubrimiento de su insigne superchería. Se atribuía su aire de timidez a la modestia inseparable de los hombres eminentes en la acción.

XXXI. Vacilaciones del gobierno de Quijotanía

Regresado medio incógnito a «Quijotanía», para dar cuenta a su jefe del buen éxito inesperado de su misión, lo hizo en pocos momentos, sin omitir nada esencial; el secretario embajador acabó por descubrir a su jefe el pánico de que venía poseído sobre las consecuencias posibles de tamaña fantasmagoría. Al oír la palabra «fantasmagoría», Don Quijote se trasportó de la cólera más exaltada, y trató a su negociador de hombre sin coraje, sin ciencia y sin buena fe, puesto que dudaba de su propia gloria y se calumniaba tan estúpidamente a sí mismo.

—Yo no veo calumnia ni embuste —dijo el gallego— en este sentido. Lo que yo veo es que de un momento a otro, de todas partes van a empezar a llegar los que, atraídos por la curiosidad y el interés, vendrán a conocer y tocar lo que han admirado sobre la fe de nuestra palabra; y que no viendo otra cosa que una estancia poblada de animales, en lugar del Estado que les hemos anunciado, nos van a prender como a impostores y culpables del crimen de usurpación de títulos y de mando, y van a soterrarnos en una prisión por años enteros.

Don Quijote, sonriendo con lástima de la pusilanimidad ignorante de su secretario, le habla en estos términos:

—¡Cuán limitado es tu ojo, amigo mío! ¡Cuánto te compadezco! Si tuvieras el ojo de la ciencia, verías en esto que te parece «una simple estancia», todo un Estado opulento en germen, pero que, no por ser un germen, deja de ser en realidad el Estado que hemos anunciado. No has mentido en lo más mínimo. Nuestro Estado existe y existe del modo más completo; ¿sabes cómo? Como existe la encina en el corazón de la bellota. ¿Qué le falta al árbol para desplegar sus ramas a la faz del Sol? Nada más que un simple lapso de tiempo. He ahí la cuestión de nuestra patria; mera cuestión de tiempo. Esta estancia es un Estado como la bellota es una encina. Cuando una cosa existe en realidad, disputar sobre la hora de su mayor desarrollo, con el reloj en la mano, es prolijidad nimia, impropia de hombres de Estado. ¿Qué es un carnero a los ojos proféticos de la ciencia que tiene a Darwin por apóstol? Un hombre en germen y tal vez de mejor índole que el presente, originario del mono, criatura incapaz de disciplina y de gobierno, mal inclinada y nada escrupulosa. Es preciso ser la ignorancia en persona para poner en duda la realidad de nuestro gobierno y del pueblo de nuestro mando. No temas que de la «Atenas del Plata» salga la señal de tan ignorante escepticismo. Si las cenizas de la Grecia antigua son miradas como del pueblo mismo de Platón viviente, ¿por qué las raíces fecundas de la futura «Quijotanía», no serán vistas como un imperio que existe desde hoy mismo? La estadística es la máscara de los hechos: ella los enumera todos, menos uno: la vida.

XXXII. Fin vergonzoso del Estado de Quijotanía

Acabado este discurso, que sumió al secretario en la más profunda consternación, Don Quijote salió al patio a ver por qué ladraban los perros, y se encontró con un grupo de jóvenes viajeros, que llegaban a la casa, para preguntar por el camino que conduce al nuevo «Estado de Quijotanía». El gallego, que los reconoció desde lejos, se guardó de dejarse ver. El camino de «Quijotanía», dijo Don Quijote, es el que ha traído a ustedes a este lugar: ustedes están en «Quijotanía».

—¡Bravo! ¡bravo! —exclaman entusiasmados los jóvenes—. Si las estancias de «Quijotanía», son tan ricas como ésta, ¿cómo serán las ciudades? Pero nosotros vamos a la capital de «Quijotanía», donde reside su ilustre gobernador: ¿quiere usted indicarnos el camino?

—Ese gobernador es el mismo que tiene el placer de hablar con ustedes.

—¡Cómo! —exclaman ellos, sorprendidos de la extraña respuesta— o este hombre es un loco, o es un farsante del mejor humor —se dicen ellos.

Siguiendo la broma, los muchachos le preguntan si «Su Excelencia» les haría dar un poco de agua y un rato de hospitalidad. Uno de ellos protestó contra ese tono chancista. Los otros dijeron:

—En todo caso, al que nos toma por tontos, bien podemos tomarlo por loco.

—Sin duda —dijo el primero a Don Quijote— el señor gobernador está pasando en su estancia la temporada de receso.

—No, señor: yo nunca estoy ocioso. Esto, que a los ojos vulgares parece una estancia, es un Estado, el «Estado de Quijotanía».

—¿Y los habitantes?

—Sus habitantes pueblan su territorio —replica Don Quijote.

—Y esos pueblos, que venimos a conocer, ¿dónde están?

—Yo no conozco el arte de hacer ver a los ciegos —dice Don Quijote, un poco enfadado.

—Vamos —dice uno de los jóvenes— a reconocer por nosotros mismos el país, a ver si damos con los pueblos, que tal vez este hombre tiene interés en ocultarnos. Loco o farsante, dejémosle con su manía.

Esta determinación es adoptada; pero antes de saludar al incomprensible personaje, uno de los tunantes se permite preguntar si podría el «Señor Gobernador» hacerles traer por su «secretario» un poco de fuego para encender sus cigarros.

—¿Por qué no? —responde Don Quijote; y llama a su secretario, para darle esta embajada.

El secretario se hace sordo. Don Quijote renueva su llamado; nada. Don Quijote entra al salón, y no viendo allí a nadie, va él mismo en busca del fuego a la cocina. Esto renueva el buen humor de los muchachos, que persisten en creerle loco o farsante.

—Es bien rebelde el secretario que «Su Excelencia» dice tener —murmuran ellos irónicamente.

Don Quijote, picado en su amor propio, obliga al secretario a presentarse.

—¡Cómo! —exclaman sorprendidos los jóvenes, al verle—, ¿no es el mismo que hemos visto en la capital?

—Aquí hay un misterio —dice el uno.

—Aquí hay una gran superchería —dice el otro.

—No es posible: vamos a ver la realidad por nuestros propios ojos.

—Confirmada la sospecha por una rápida inspección del país, en que nada que parezca ciudad o pueblo se descubre, los viajeros vuelven a la capital, que, lejos de acoger la sorprendente revelación, la rechaza obstinadamente, la atribuye a cálculos de especulación de los que quieren ser solos en la explotación de los negocios que promete el país desconocido. Los reveladores insisten, pero el público se hace sordo; guarda todas sus ilusiones, y trata de traidores y de malos patriotas, que niegan los progresos del país, a los que quieren persuadirle del engaño insolente de que ha sido víctima. La realidad se hace admitir al fin, por los testimonios, que se multiplican al infinito, y el Gobierno Nacional se ve obligado a decretar la prisión de los impostores y su traslación ante la justicia criminal.

Don Quijote y su secretario entran al fin en la capital, como reos de Estado, por entre medio de una multitud a la vez insolente y simpática, que tanto los aplaude como befa y escarnece.

Sometidos a un proceso criminal, Don Quijote es absuelto por la excusa de demencia o monomanía, y el secretario es condenado como cómplice doloso a la pena de destierro por un año, en la frontera de Patagonia. Los dos fueron condenados a pagar las costas y a la pérdida del ejemplar que tenían del libro de «Darwin» sobre el «Origen de las especies». Había sido el petróleo que inflamó sus cabezas pajizas y podía echarlas en la reincidencia, si no se les confiscaban esos libros.

El lector recordará que todo este episodio relativo a «Quijotanía», ha sido parte de los datos que Fígaro suministraba a Luz del Día para prepararla a dar su conferencia sobre la libertad y el gobierno libre en Sudamérica.

Después de referirla las locuras y disparates del legislador y libertador de «Quijotanía», en su ensayo de colonización social, continuó Fígaro en los siguientes términos la conversación preparatoria de la conferencia, en que Luz del Día debía exponer la teoría y los príncipios del gobierno libre, antes de dejar la América del Sur para volverse a Europa.

Tercera parte

I. Sufragio universal de la universal ignorancia

«Pero esos, como Don Quijote y su gallego, no son los peores enemigos de la libertad en su Sudamérica, porque al menos tienen la disculpa de la sinceridad, propia de los locos. Sus peores enemigos son sus amigos, los liberales del orden de Tartufo, esos que falsifican la libertad para cubrir con su manufactura el sacrificio de la libertad verdadera, dice Fígaro.

»Si Quijote se ha hecho más loco en América, Tartufo se ha hecho más falso y más bribón. En Europa fue la falsificación de la amistad; aquí es la falsificación de la libertad. El campo de sus traiciones era, en Europa, la familia; aquí es toda la República. Allá engañaba al marido, a su amigo, quitándole su mujer y sus bienes; aquí se burla del pueblo, a quien vende amistad, quitándole su novia, que es su libertad, o el gobierno de sí mismo, para apropiárselo y gozarlo él solo, con el pretexto mentido de custodiarlo.

»Cuando digo Tartufo, quiero hablar de su círculo, de su escuela toda, de "Tartufo y Compañía", de un monstruo de cien cabezas, cien pies humanos, que representa, en veneno, cien reptiles; hablo de una pandilla, de una oligarquía de falsificadores de la soberanía nacional. Son un poder, porque se entienden y fraternizan en el fraude. Ellos se completan por sus faltas respectivas. Tartufo no sería nada sin Basilio, Basilio sin Bártolo, Bártolo sin Gil Blas. Una comedia necesita una compañía de actores; y en la comedia política de la vida, los actores necesitan de comparsas y coros. Los comparsas y coristas vienen del orden de Sancho Panza, actor anfibio, que es del teatro y del mundo.

»A pesar de su multitud, ellos gobiernan, no porque son multitud, sino porque son minoría. Les bastaría dilatar su círculo para perder el poder. Las minorías son soberanas donde las mayorías son imbéciles; y las mayorías son imbéciles, cuando se forman de estas dos clases de entes: los que ignoran el gobierno de sí mismo en el grado en que lo ignoran los carneros, y los que sabiendo gobernarse, abdican por pereza y temor en manos de Tartufo y Cía. Estos últimos son los más imbéciles, sin embargo de que se pretenden los más sensatos, por razón de esa abstención.

»Entregar la soberanía del pueblo a una multitud ignorante, es entregarla a Tartufo, a Basilio, a Gil Blas. No es entonces la soberanía del pueblo; en realidad es la soberanía de Tartufo, es decir, de la mentira, del fraude. La libertad todo lo pierde en este cambio, lejos de ser ella la que gana. El gobierno, que antes fue ejercido por déspotas educados para gobernar, pasa a las manos de hombres que no necesitan más que carecer de todas las calidades para ser candidatos al poder. Ellos son la obra de su propro sufragio singular, no del sufragio universal. El sufragio universal de una multitud universalmente imbécil, es el sufragio del bribón bastante astuto y audaz para hacer admitir del vulgo, como suyos, el candidato, el voto y el elegido, que son de él (del bribón, y no del vulgo).

»Nada es más individual y personal que el sufragio llamado universal.

»Un gobierno así nacido, no puede tener límites en su autoridad, porque no hay quién se los ponga. El tirano es omnipotente, porque su tiranía es la del pueblo por el pueblo. Tal es el gobierno moderno de los países libres, que no saben gobernarse a sí mismos, es decir, que no entienden ni saben ejercer su libertad. Es el despotismo personal de un hombre, constituido y ejercido en forma de libertad popular. Es la libertad oprimida por sí misma; el pueblo avasallado por el pueblo, o más bien dicho, en nombre del pueblo, porque el que lo avasalla es el que tiene la inteligencia y la voluntad, de que el pueblo carece, y cuya carencia es causa de que él le preste la suya.

»Contra este mal, no hay más que un remedio: es dar al pueblo la inteligencia y educación del gobierno de sí mismo, en que consiste toda la libertad moderna. Este remedio es más bien un tratamiento, un régimen, una educación, una vida, o al menos toda una época de la vida: es la reforma y transformación de los hombres, no de sus leyes escritas; por los hábitos, no por las ideas.»

II. La libertad es la obediencia de sí mismo

«Ser libre es gobernarse a sí mismo. Luego ser libre, es lo más difícil de este mundo. Entre gobernarse a sí mismo y gobernar a los otros, la diferencia es de número y cantidad, no de inteligencia y de ciencia, dice Fígaro.

»Desde luego, es condición esencial del gobierno de sí mismo la obediencia de sí mismo. Cada hombre es su propio soberano y su propio súbdito; el que no sabe obedecerse a sí mismo, mal puede saber gobernarse a sí mismo. Puede decir que tiene la sedición en su persona. Cada hombre lleva en la constitución de su individuo toda la constitución de su país. Esta constitución es de libertad si el hombre sabe obedecerse a sí mismo, porque entonces, y solo entonces, puede decir que se gobierna a sí mismo. Este gobierno visceral o molecular, por decirlo así, es la partícula elemental de que se compone el gobierno político y social del país entero. Cada hombre es un Estado molecular, como es un "cosmos" microscópico.

»Todo hombre es libre, en el sentido que todo hombre tiene el derecho de gobernarse a sí mismo. Pero tener derecho a gobernarse, ¿es saberse gobernar? Saber gobernarse a sí mismo significa saber, conocer, entender, dirigir, gobernar su persona y todas las necesidades y los medios y recursos que interesan a su persona. La educación toda de un hombre no tiene más objeto que la ciencia y el aprendizaje de este gobierno de sí mismo.

»El que no sabe gobernar el mundo de su propia persona tiene que dar a otro el encargo de gobernarlo. Darle este encargo es entregarle su libertad, tomar un tutor, constituirse en pupilaje, entregarse a un Bártolo, que tendrá buen cuidado de administrarlo como a su "negro", es decir, como a su "cosa", a su pertenencia propia y no de otro. La libertad que damos a guardar es como el pan que damos a comer: no vuelve a nuestras manos porque se hace carne del guardador. Para reivindicar el pan es preciso comer al depositario, y mejor es ser previsor que ser antropófago.

»Tal es la condición de un pueblo que, en vez de gobernarse por sí mismo, se hace o se deja gobernar por un Bártolo. Entregando su gobierno, entrega su libertad al explorador de esa su Dulcinea. En esta triste hipótesis, el gobierno que se llama del pueblo, y a este título gobierno libre, viene a ser, en realidad, el gobierno de los Bártolo, de los Basilio, de los Gil Blas. Cuando las libertades y los libertadores y liberales de un país vienen a identificarse con esos tipos, que representan la mentira de la libertad bajo distintos nombres y personas, el papel y la presencia de Fígaro vienen a ser una necesidad y un medio de salud para el país.

»El correctivo del tirano que finge libertad para oprimir, es el liberal que finge sumisión para redimir. A la falsificación de la verdad es lícito oponer la falsificación de la mentira, y sacar al país de la servidumbre por esta hemeopatía de la libertad. Fígaro es el contraveneno de Basilio y de Tartufo; nace a su lado y vive a su lado, por una ley previsora y preservativa de la creación. Fígaro es la disciplina amable que corrige y educa por la risa; por la risa, que merecen, no tanto los Tartufos y los Basilios, como los que se dejan gobernar por Basilios y Tartufos; es decir, los que llamándose gentes sensatas y liberales, ponen sus destinos, sus personas, sus vidas, sus familias, su honor, su libertad, en manos de hombres que ellos mismos tienen por los mayores bribones de su país, para que se los guarden y administren sin responsabilidad ni cuenta alguna.»

III. Se decide Luz del Día a dar una conferencia

Decidida Luz del Día a dar una conferencia pública, para sondear en ella si el pueblo de Sudamérica es capaz de oír la verdad en materia de libertad, de comprenderla y de adquirir su costumbre, como ella lo creía obstinadamente, Fígaro se encargó de hacer valer sus relaciones en la prensa para preparar e interesar las simpatías de la opinión. Los anuncios fueron publicados en la forma más capaz de excitar una viva curiosidad, y su efecto fue admirable. Jamás el anuncio de una ópera nueva o de una nueva comedia produjo en la curiosidad de la juventud un interés más vivo. Pero no todo debía de ser color de rosa en la función. Basilio que, como los insectos y los reptiles, habita las cuevas y las rendijas de las paredes, oye y conoce todos los secretos. El supo de antemano que Luz del Día se preparaba a dar una conferencia pública sobre la libertad; y por los canales imperceptibles, que él conoce, empezó a esparcir en la sociedad las especies más capaces de exponer a Luz del Día a la risa y menoscabo del público. Hizo entener que era loca; que solo reunía a los jóvenes por coquetería, con la mira de seducirlos y explotarlos; que era una aventurera peligrosa, sospechada de los peores hábitos; que era enemiga mortal de Sudamérica, y que todo lo que iba a decir era soplado por Fígaro, que la patrocinaba por miras interesadas, poco decentes. El día de la conferencia la sala presentó un concurso imponente por su número, compuesto de oyentes sinceros y benévolos y de otros mal prevenidos y dispuestos a silbar al orador desconocido.

Luz del Día se presentó sin embarazo y sin más cortejo que la imponente sencillez de su semblante, digno y severo, y de su aire inmaculado de verdad y honradez. Su aparición produjo aplausos, pero no sin mezcla de silbidos, que no la inmutaron en lo más mínimo.

IV. Conferencia pública de Luz del Día sobre el gobierno libre

«Señores y señoras:

»(Empezó ella como un viejo profesor es decir, sin exordio ni preámbulo).

»El gobierno moderno de la América antes española trae su origen liberal de la revolución y de la guerra contra España que ocurrieron a principios del siglo XIX. Su origen, por tanto, fue su pecado original (un silbido).

»Por la razón de que la revolución y la guerra contra el Gobierno extranjero, que la dominaba desde Europa, produjo su independencia respecto de ese Gobierno, la revolución y la guerra fueron empleadas ulteriormente contra los malos gobiernos propios, siempre con la idea de producir el gobierno interior del país por el país, en que cono siste la libertad política moderna ("Y con razón", dijo un militar).

»¿Qué ha resultado de ello? Que si por la libertad exterior tuvimos quince años de guerra contra España con el éxito más completo, llevamos ya cuatro veces quince años de guerra civil, es decir, de guerra del país contra el país, o contra sus malos gobiernos propios, en busca de la libertad interior, sin haberla obtenido hasta ahora. (Tumulto y gritos de protesta).

»Y como esto hace prever que todavía pelearemos cuatro veces sesenta años, para no alcanzar tal vez la libertad interior deseada, vale la pena de que América se pregunte a sí misma: ¿qué diferencia existe entre la libertad exterior y la libertad interior, para lo que es su adquisición?, ¿y por qué razón la primera fue conquistada por la revolución y por la guerra, sin que la revolución ni la guerra nos hayan servido para producir hasta hoy la libertad interior? (Nuevas protestas.)

»Para saber en qué difieren las dos grandes libertades, sepamos antes qué es la libertad en sí misma. Definirla y comprenderla, es andar la mitad del camino de su conquista. Este es el único estudio que no ha hecho hasta hoy la ciencia política de Sudamérica, y si lo ha hecho, lo ha guardado y lo tiene inédito. (Risas irónicas.)

»La libertad no es una mera idea, una linda abstracción, más o menos adorable. Es el hecho más práctico y elemental de la vida humana. Es tan prosaico y necesario como el pan. La libertad es la primera necesidad del hombre, porque consiste en el uso y gobierno de las facultades físicas y morales que ha recibido de la naturaleza para satisfacer las necesidades de su vida civilizada, que es la vida natural del hombre, por excelencia.

»La vida civilizada, es el "fin"; la libertad, es el "camino" de ese fin. Sin la libertad son inútiles los pies, las manos, los sentidos, la razón, la voluntad, los votos del hombre, pues la libertad es el libre uso de todo esto, es decir, el ejercicio de la vida misma. (Una voz: "Eso no es definir la libertad".)

»En este sentido, la libertad no es ni más ni menos que el gobierno expedito de sí mismo. Ser libre, es gobernarse a sí propio. La libertad es el mejor de los gobiernos, por esta razón palpable y natural: que como nadie es más amigo de sí mismo que uno mismo, nadie es mejor juez ni más fiel administrador de lo que interesa a su propia existencia que uno mismo.

»Esta manera de ver la libertad no es pura teoría. Es la manera práctica de entender y usar la libertad, que distingue a los pueblos más libres del mundo. Ella es el "self-government" de los ingleses, y de sus descendientes los americanos del Norte. Tal es la libertad moderna, que es mil veces mejor entendida y practicada que lo fue la libertad antigua, de los griegos y romanos.

»Las más importantes consecuencias nacen naturalmente de esta manera simple de entenderla libertad.

»Si la "libertad" es el "gobierno" de sí mismos, la idea de libertad no es opuesta ni diferente de la idea de gobierno. Son, al contrario, dos ideas inseparables; o más que dos ideas, son un mismo hecho visto por dos aspectos. Donde el gobierno falta, la libertad está ausente; y recíprocamente, falta la libertad donde el gobierno es un mero nombre. La libertad y el gobierno son dos hechos, que se suponen mutuamente. Hablo de la libertad que es libertad y del gobierno que es gobierno. El gobierno es gobierno, únicamente cuando significa libertad, es decir, gobierno del país por el país. La libertad no es realmente libertad, sino cuando significa gobierno elegido por el país, y ejercido con la intervención continua del país. Si la libertad y el gobierno no se resuelven en estos hechos prácticos, son entonces palabras huecas, cuando mejor significan; o son máscaras que cubren hechos opuestos a lo que es gobierno, y a lo que es libertad. Gobierno, en este caso, quiere decir poder absoluto y despotismo; libertad, quiere decir licencia, anarquía, desorden. Los hechos más triviales de la vida confirman esta manera de apreciar la libertad en sus relaciones de coexistencia con el poder. La libertad se llama poder cuando el país la ejerce por conducto del gobierno; el "poder" se llama "libertad", cuando el país ejerce su gobierno directamente y sin delegación, lo cual sucede en gran número de casos. Tener poder de hacer algo, es sinónimo de ser libre de hacer algo.

»Cuando el gobierno es débil, inconsistente, nominal, la libertad es impotente, ineficaz, pura fantasmagoría. Esta es la razón porque los países realmente libres ven en su gobierno la personificación de su libertad y lo aman como a su libertad, porque, en realidad, es su libertad misma, vista bajo su verdadero aspecto.

»Así fue entendida la libertad interior por la revolución de América contra Europa. Para ella crear y constituir la libertad fue sinónimo de crear y constituir el gobierno de América por América. Dar a la América el gobierno interior y exterior de sí misma, fue equivalente a darla su libertad. (Una voz: ¿Verdades de Pedro Grullo?)

»Pero la política de la Revolución americana perdió de vista un hecho inmenso, y es que no se crea ni constituye la libertad interior, o el gobierno interior del país por el país, por el mismo medio con que se produce y constituye la libertad exterior, o el gobierno del país ejercido con independencia de todo poder extranjero. La libertad exterior de una nación es la obra del mundo entero: es un hecho internacional, en que tiene parte el mundo de que la nación es miembro integrante; la libertad interior es la obra exclusiva de cada nación aisladamente.

»Cómo nace, cómo viene, cómo se adquiere y constituye el gobierno del país por el país (en lo cual consiste la libertad interior), es la cuestión más olvidada de los publicistas de Sudamérica, desde el día en que quedó asegurada su independencia.

»Cada libertad tiene un modo peculiar de nacer y constituirse, y esta peculiaridad es de tal impotancia, que si se busca una libertad por el camino que conduce a otra, se pierde el tiempo sin encontrar ninguna de las dos. Así la distinción y división de las libertades es cuestión que interesa a su adquisición y conservación del modo más vital. La política que deja de hacer esta distinción, es como la náutica que no quiere distinguir el Norte del Sur. Sus derroteros serán como el de la mosca en el aire.

»En efecto, como difiere el Sur del Norte, así difiere la libertad interior de la libertad exterior, en Sudamérica, para lo que es un adquisición.

»Las dos libertades, es verdad, forman un solo mundo; pero cada una es un polo de ese mundo.

»Cuando un país, lejos de ser gobernado por otro país extranjero, se gobierna por su propio pueblo, el país se dice ser, y es, independiente, y esa independencia constituye su libertad exterior. (Una voz: "¡Grande adivinanza!".)

»Pero cuando lejos de obedecer a un gobierno extraño a su elección, aunque sea nativo de la tierra, el país es gobernado por gobernantes que le deben su elección, y que gobiernan con su intervención, el país entonces se dice ser y es, en realidad, país libre, porque posee y disfruta de su libertad interior, cuyo ejercicio constituye el gobierno del país por el país propiamente dicho.

»La libertad interior, según esto, que es toda o la principal libertad política de un país a quien nadie disputa su independencia, se define y es: "el gobierno del país, por gobernantes elegidos por el país, que gobiernan con la intervención continua del país mismo, en la gestión de su mandato". Esta delegación no excluye el gobierno del país por el país, pues en lo político como en lo civil, el que se gobierna por los agentes de su elección libre, puede decir que se gobierna por sí mismo.

»Si los gobernantes, en vez de ser elegidos por el país, se deben su elección a sí mismos (lo cual ocurre en las candidaturas oficiales); o, si elegidos por el país, gobiernan sin la intervención del país, el país entonces deja de ser libre, porque en realidad no se gobierna a sí mismo; es gobernado por otros, sin ingerencia suya, aunque esos otros pertenezcan al país mismo.

»¿Cuándo, en qué caso sucede esto?

»Un gobernante se debe a sí mismo su elección, en todas las ocasiones en que un país es incapaz de elegirlo; y tal gobernante gobierna sin la intervención del país, siempre que el país ignora el gobierno de sí mismo. Esta ignorancia es la razón de ser de toda usurpación del poder público.

»Como un país no puede existir sin gobierno alguno, ya sea propio o ya sea ajeno, cuando el país deja de formarlo, el gobierno se produce y se forma por sí mismo: el país que lo deja producirse lo legitima en cierto modo por su abstención equivalente a un asentimiento tácito: el gobierno es la obra de la necesidad de un orden cualquiera por irregular que sea.

»Luego es condición esencial del gobierno de sí mismo o de la libertad interior la inteligencia y la costumbre en el país, del ejercicio del gobierno de sí mismo.

»Cuando se dice que todo hombre es libre de gobernarse a sí mismo, se entiende que lo es a condición de saber gobernarse a sí mismo, de tener costumbre de ejercer y practicar ese saber.

»¿Cómo se adquiere esa costumbre?, ¿cómo se gana este saber?

»A esto se reduce todo el problema del establecimiento de un gobierno libre y de la libertad en Sudamérica.

»Este problema es equivalente a este otro: ¿cómo formar y constituir el gobierno interior del país por el país en Sudamérica?

»Porque declarar la libertad, no es constituirla. No se trata de declarar derechos que nadie niega; sino de constituir hechos, que nadie practica. No es cuestión de "libertad escrita", es cuestión de "libertad real". La libertad que no es un "acto", no es "libertad": es una voz del diccionario de la lengua; un sonido que vive en el aire y muere en el aire.»

V. Por qué Sudamérica no ha encontrado aún su libertad interior

«Basta saber que toda la libertad interior de un país depende de su inteligencia y costumbre del gobierno de sí mismo, para saber cómo y por qué camino podrá el país llegar a la adquisición de la libertad interior, o del gobierno de sí mismo, en que esta libertad consiste.

»La América del Sur ha dejado hasta hoy de encontrar su libertad interior, porque la ha buscado por el mismo camino que la condujo a la conquista de su libertad exterior, a saber: la guerra, la espada, las batallas.

»En esto mismo padeció un doble error: 1° el de creer que la espada y la guerra fueron toda la causa de su libertad exterior; 2° que la espada podía tener en la producción de la libertad interior la influencia auxiliar que tuvo de la exterior (Silbidos, protestas de un grupo de militares).

»Ninguna libertad, ni exterior ni interior, puede ser obra exclusiva de la espada. La espada no instruye ni educa en el gobierno de sí mismo. La libertad es una función de la inteligencia, traducida por una acción del cuerpo.

»¿Cómo se explica la parte auxiliar que la espada tuvo en la creación de la independencia o libertad exterior de América, y la que no ha podido tener en la producción siempre esperada de la libertad interior? Por un hecho que la historia registra: es que la libertad exterior o la independencia de América estaba ya formada por la obra del mundo civilizado, cuando la espada intervino. La espada de América no hizo sino ayudar a la terminación de esa obra del mundo entero. Esto no es apocar la gloria de la independencia de América: es mostrar que su base es tan ancha como el mundo, y que producida por la civilización general, ella es un patrimonio, que el mundo civilizado no dejará desaparecer jamás por nada, ni por nadie.

»Pero en la creación y ejercicio de la libertad interior de cada país, el mundo no tiene parte alguna: es la obra y el derecho exclusivo de su propio pueblo. Cuanto más independiente es un país, menos influjo tiene el extranjero en la adquisición de su libertad interior.»

VI. Causas y autores de la independencia americana

«Veamos cómo y en qué caso la espada puede ayudar a crear la independencia o libertad exterior de una nación.

»Cuando un pueblo está gobernado por otro pueblo extranjero y distante a causa de la superioridad relativa de este último, todas las guerras y todas las victorias del pueblo sometido son impotentes para darle el gobierno de sí mismo, si esos sucesos dejan en pie la superioridad absoluta del pueblo gobernante, en que reside la razón de ser o causa de la sumisión del otro. Es lo que sucedió a la India con la Inglaterra en 1885, y a La Habana con España en más de una ocasión.

»Pero si esa superioridad desaparece por una causa natural, que puede ser ajena del pueblo sometido, la menor guerra o batalla victoriosa de este último (y aun sin ser victoriosa), puede bastarle para sacudir eficaz y definitivamente la dominación del extranjero, y asumir de un modo irrevocable el gobierno exterior de sí mismo. La guerra y la victoria, en este caso, no son la causa de la libertad, sino de un modo auxiliar y secundario; la verdadera causa de su emancipación reside en el hecho que arruinó la superioridad de su opresor extranjero, en fuerza de la cual ese extranjero le tenía sometido.

»Esto es lo que sucedió a la América del Sur, en la guerra de su independencia contra España. (Silbidos del grupo de militares).

»La coincidencia de la guerra con la decadencia y desaparición de la superioridad relativa, que daba a España el gobierno de Sudamérica, hizo aparecer a la guerra y a los guerreros, ante la vanidad del pueblo vencedor, como el origen y causa única de su emancipación. "Bolívar" y "San Martín", por ejemplo, fueron tenidos por el vulgo de los historiadores de Sudamérica como los autores y padres de la independencia o libertad exterior de la América del Sur. Esos historiadores tienen tal idea de la libertad de América, que creen de buena fe que a estas horas dormiría en la nada, si no hubiese ocurrido la casualidad del nacimiento de esos dos guerreros célebres. La España que perdió lo que ganó América en ese cambio, y que por lo tanto debe saber mejor que nadie quién se lo quitó, apenas se apercibe de la parte que en ello se atribuye por una historia sin ojos, a los generales vencedores y a los generales vencidos en las batallas de la guerra que precipitó la independencia, ya formada por otras causas.

»La España no atribuyó la pérdida de la que fue "su" América, sino a la Europa misma, y a los desaciertos seculares y colosales de su propia política. Si la hubiese atribuido a sus generales vencidos en Ayacucho, Espartero no hubiese llegado a ser Regente del Reino por sus servicios en América.

»La verdad histórica es que España había dejado de ser un gran poder de mar y tierra, cuando fue vencida por América; y que la independencia de esta se produjo por la causa general de esa ruina misma de España, no por la obra principal de los guerreros americanos; muchos de los cuales, al contrario, habían ayudado a España contra esa causa (San Martín entre ellos, que peleó 18 años en favor de España, contra la Revolución francesa de 1789, de que debía ser una faz y consecuencia la revolución americana).»

VII. Por qué la espada que produjo la libertad exterior es incapaz de producir la libertad interna

«Se me dirá tal vez: Si es un error atribuir a la espada americana la libertad, que es fruto de la civilización general ¿qué mal puede hacer a la verdad una hipótesis que interesa a la gloria de América? El mal que resulta siempre de sustituir la ilusión a la verdad, para la suerte de los hombres y de los pueblos.

»De aquel error natural de apreciación histórica nace desde luego el más grande obstáculo, que pueda encontrar el desarrollo de la libertad en Sur América, y es este: que la ilusión de que la guerra ha producido la libertad exterior, hace creer a los guerreros y al país mismo que la libertad interior puede ser conquistada por los mismos guerreros y por la misma guerra; y que puede haber libertadores en la guerra interior, o del país contra el país, como los hubo en la guerra exterior o del país contra España, para producir su independencia o libertad exterior.

»Tan lejos está todo de ser cierto, que nada es más capaz de privar de su gloria real a los mismos que la ganaron en la guerra exterior o de la independencia, que su participación en la guerra interior o del país contra sí mismo, por la razón muy simple de que si, en esta guerra, es vencedor el país, en cierto modo nadie sino el mismo país es el derrotado y vencido.

»Esta verdad recibe su confirmación completa del ejemplo que nos ofrecen los mismos generales tenidos por "Libertadores de América". Caídos en ese error, no bien concluida la guerra contra España, Bolívar y San Martín se pusieron a la cabeza de movimientos o evoluciones de la política interior, con el objeto de fundar por la espada la libertad doméstica o el gobierno del país por el país. El mal éxito no tardó en probarles su error, pues en esa aplicación doméstica y fratricida de sus armas perdieron la mitad de su gloria, que habían ganado combatiendo para fundar la libertad exterior.

»¿Qué motivo los precipitó en ese error: la ambición de suceder al poder español, en los puestos del gobierno doméstico? Yo no lo creo. Fue su ignorancia natural y concebible de las condiciones de la libertad interior. Se pusieron a construir una máquina de que no tenían idea. Ninguno de ellos conocía prácticamente la libertad interior o el gobierno del país por el país. Se habían educado en España, bajo el despotismo más absoluto y más disputado, y no conocían más gobierno interior que el gobierno personal que los reyes absolutos pretendían tener de Dios mismo, y que ejercían sobre el país, sin la más remota participación del país en su gestión. Ellos entendían la libertad de la patria como la había entendido siempre España: consistía toda en no ser gobernados por los moros, ni por los franceses; en la simple independencia respecto del extranjero: la libertad exterior del país en una palabra. No estuvieron Washington, Jefferson, Franklin, en ese caso. Cuan-

174

do ellos se ocuparon de organizar la libertad interior de los Estados Unidos, manejaron lo que ya conocían, lo que habían practicado y visto practicar en la madre patria, y en la misma patria americana, desde el principio de su existencia. Washington no fue el autor y padre de la libertad de su país; fue, al revés, el hijo y el producto de esa libertad, pues un país no es libre ni capaz del gobierno de sí mismo cuando necesita que su gobierno delegado delegue en él la autoridad que a él, como poder soberano, le toca delegar.

»En segundo lugar, Bolívar y San Martín desconocieron la razón a causa por la cual dejaba de existir la libertad interior en la América, que nunca se gobernó a sí misma. Si la hubiesen conocido no hubieran empleado vanamente su poder militar en remover esa causa inmaterial. Habrían envainado su espada, como Washington, desde que se trataba de dar a su país la inteligencia y la costumbre del gobierno interior de sí propio, en que consiste la libertad moderna, porque esa inteligencia y esa costumbre solo pueden ser dadas por la educación y la instrucción en la práctica del gobierno libre, y nunca por la acción de la espada.

»Lejos de eso, ellos hicieron valer su prestigio real en la segunda faz de su vida militar, para crear por su ejemplo la escuela de caudillos, que han pretendido más tarde ser los libertadores de su país, cada vez que destruían por la espada el poder existente, que naturalmente debía ser opresor, por las causas que sobrevivían a su caída. A ejemplo de sus jefes y modelos, casi no hubo después uno solo de esos caudillos que no hubiese sido soldado de la guerra de la Independencia o de la libertad exterior del país contra España: Güemes, Artigas, Francia, Aldao, Quiroga, Ibarra, Bustos, fueron soldados de Belgrano y San Martín, caídos en el error de sus jefes de querer fundar la autoridad moderna, por la espada con que habían conquistado la libertad exterior. La libertad que intentaron fundar les debió más bien su anonadamiento, porque sustituyendo su gobierno personal a gobierno del país, y gobernando sin la intervención del país, su gobierno, lejos de ser la libertad en acción, fue su negación en realidad.»

VIII. La guerra es escollo, no manantial de la libertad interior

«Veamos ahora cuál puede ser el único papel de la espada (si de alguno es capaz) en la creación de la libertad interior, o del gobierno doméstico del país por el país.

»Cuando la libertad o el gobierno interior del país está confiscado por gobernantes de su seno, que el país no ha elegido, o en cuyo ejercicio no interviene, la razón de ser de esa confiscación, es la incapacidad del país para gobernarse a sí mismo. Prueba de ello es que tales confiscaciones son imposibles en países como Inglaterra y Estados Unidos. La espada puede derrocar al usurpador doméstico del gobierno del pueblo, pero su mera caída no tendrá por resultado la producción del gobierno del pueblo por el pueblo, si su caída deja subsistente la incapacidad del pueblo para ejercer ese gobierno, que es toda la razón de ser y causa de que un usurpador se apodere de su poder, lo ejerza y abuse de él. Matar al tutor, no es matar la incapacidad del pupilo, y basta que esa incapacidad quede subsistente, para que un nuevo tutor suceda al pasado, en la tutela que existe por razón de la incapacidad del niño o del mentecato. En lo político no sucede otra cosa que en lo civil; y de ahí la esterilidad de la guerra, para lo que es crear la libertad interior o la capacidad y la costumbre del país de gobernarse a sí mismo, en sus negocios interiores.

»Pero si la guerra es estéril para crear por sí sola la libertad exterior del país, lo es mil veces más para crear la libertad interior, por esta otra razón, que hemos indicado apenas.

»La tutela que ejerce una metrópoli extranjera en un país menor, se acaba por la ruina del tutor, a causa de que el mundo no permite que la nación A, por ejemplo, reemplace a la nación B, en la dominación del país menor C. Pero dentro de la nación, las cosas se pasan de otro modo. Como el mundo no tiene que ingerirse en la creación o ejercicio del gobierno interior de un país independiente, la tutela no expira en este caso por la muerte del tutor doméstico, es decir, del gobierno interior existente. Si el tutor A, por ejemplo, deja de confiscar la libertad interior o el gobierno del país por el país, al punto le sucede en esa confiscación el tutor B, cuando la razón de ser de la tutela, que es la incapacidad del país, queda subsistente y sobrevive al tutor

A. Lo político en este punto no difiere en nada de lo civil, por la naturaleza de las cosas.»

IX. Los Washington son hijos, no padres de la libertad

«Si la razón no bastase a demostrar la esterilidad de la guerra, como medio de crear la libertad interior, la historia lo probaría por los hechos repetidos en América, de sesenta años a esta parte. Sesenta veces han sido derrocados los gobiernos erigidos por sí mismos, que eran un desmentido de la libertad del país; los "libertadores" han sucedido a los "libertadores", pero la libertad interior, es decir, el gobierno del país por el país, no se ha dejado ver ni existe todavía en Sudamérica. (Rumores débiles y sordos.)

»Existe el simulacro, la imagen, la ficción de la libertad, pero la libertad ficticia esa menudo máscara de la tiranía, es decir, del gobierno ejercido pos gobernantes de su propia hechura, que gobiernan sin la intervención del país, a causa de que el país ignora el gobierno de sí mismo.

»Así la tiranía no reside realmente en el tirano. La tiranía como la libertad está en el modo de ser del pueblo mismo. La tiranía es la causa, el tirano es el efecto; y así como Washington es el efecto de la libertad de su país, así el "caudillo" de Sudamérica es el efecto de la ausencia de la libertad de su país; es decir, de la incapacidad de su país para gobernarse a sí mismo. La tiranía es el gobierno nacido sin el país, conservado sin el país, ejercido sin el país.

»Esta tiranía, que es la tiranía moderna y democrática, en cuanto emana de una enfermedad del pueblo, difiere de la vieja tiranía de los reyes absolutos en que éstos se pretendían dueños del gobierno por derecho divino; mientras que el tirano moderno se guarda bien de pretenderse dueño del gobierno de que abusa. Reconociendo que el gobierno pertenece en propiedad al país, no se lo reconoce sino para desarmarlo mejor de esa razón de reivindicarlo. El se elige a sí mismo, pero cuidando de elegirse por medio del sufragio inconsciente del país, a quien hace sufragar como a un autómata. Si ese gobierno se aplaude y se defiende a sí mismo, lo hace por conducto de la prensa popular y de la opinión pública, falsificadas y contrahechas por los mil medios de influjo que le da la posesión del poder. Oprime al país, pero le oprime con el poder del país; y cuando ejerce la tiranía, no la ejerce jamás sino en nombre de la libertad. Esta táctica no es precisamente el resultado de un cálculo doloso; es el resultado natural de la falsa posición en que se encuentra todo el país declarado soberano de sí mismo, cuando carece de la inteligencia y costumbre del ejercicio de su soberanía.

»La libertad en sus manos es una máquina de que no sabe servirse. Quien se la maneja es el que conduce y gobierna al país, sin la intervención del país, bien entendido, y naturalmente sin ninguna ventaja para el país.

»Tal es la especie de libertad y de gobierno libre que la América antes española ha conseguido formar en sesenta años de guerras civiles, por la espada de sus libertadores inacabables.»

X. El poeta y el soldado son los amigos más peligrosos de la libertad

«Bien pueden estos ser sinceros cuando pretenden creer que bastará derrocar por la espada al gobierno usurpador, para dejar establecido el verdadero gobierno del pueblo por el pueblo; lo que hará siempre dudar de su sinceridad, es que las más veces son los mismos libertadores los que toman en sus manos el poder que pretenden reivindicar en nombre del pueblo y para el pueblo, siendo en realidad el pueblo el único que sigue privado de la posesión de su gobierno, después de tantas veces libertado y después de poseer tantos libertadores, como gobiernos se han derrocado unos a otros, desde 1810.

»Los libertadores son siempre guerreros victoriosos. Los soldados del vencedor y sus secuaces son naturalmente "liberales". El que vence, no puede dejar de ser libertador en este sentido, que ha libertado al país del gobierno vencido (siempre digno de su caída cuando cae).

»Por regla general, en Sudamérica, todo libertador es militar. No hay libertador civil ni político, y la razón de ello es que la espada es el solo instrumento conocido de la libertad en Sudamérica. Se diría que la sola libertad aquí conocida es la "libertad militar", es decir, la libertad del sable. Tal libertad es la digna hija de su madre, la espada: hija de la fuerza, su temperamento es la violencia. La fuerza convertida en libertad es la tiranía. La tiranía no es sino la libertad concentrada en uno solo: un monopolio de la libertad.

»Después de los libertadores, los poetas son los amigos más peligrosos de la libertad en Sudamérica.

»Platón, que entendía de libertad como de poesía, (pues era ciudadano de la libre Atenas), quería que los poetas fueran desterrados de su república: excelente pensamiento con tal que el soldado que custodia al desterrado hasta la frontera quede con él fuera del país.

»El poeta y el soldado son malos amigos de la república porque no entienden la libertad que adoran, en el sentido prosaico, en que es tan necesaria y prosaica como el pan. El que es poeta y soldado a la vez, tiene dos motivos de ignorar la libertad.

»¿Qué es la libertad para el poeta? Es el estado del hombre preso a quien quitan los grillos y sacan de la cárcel. ¿Qué es la esclavitud para él? Es el estado de un hombre puesto en prisión con grillos y cadenas.

»De ese modo de entender la libertad y la esclavitud, es correlativa la idea de que la espada puede tronchar sus cadenas y dar libertad al esclavo. El poeta no tiene ideas sino imágenes. Lo que no tiene cuerpo no existe a sus ojos; y como la libertad es un hecho moral, que no tiene color ni figura física, ella es invisible para el poeta en su verdadera esencia.

»Así el poeta ignora que los fierros del esclavo no son los que están en sus pies, sino los que brillan en su pecho en forma de cruces y medallas. Las cruces son los grillos del alma; son cadenas de oro que pesan sobre sus alas y estorban su vuelo. Mendigadas las más veces, dan a sus portadores el aire de pordioseros del honor. La jaula es para el águila libre, no para el carnero, que es más esclavo cuanto menos encerrado.»

XI. La América no será libre sino cuando esté libre de libertadores

«Una democracia, cuya ignorancia ofrece tales facilidades de usurpación a los pretendientes al poder, no puede estar gobernada por sus mejores hombres.

»Sus libertadores serán el principal obstáculo de su libertad, y con verdad podrá asegurarse que la América del Sur no tendrá libertad sino cuando esté libre de sus libertadores y liberales de espada. Con la mejor intención de libertarla son ellos los únicos que la tienen sin libertad. Nadie es libre en Sudamérica sino sus libertadores. Su libertad es tan inmensa, que no reconoce límites; de tan grande como es, se confunde con el poder ilimitado.

El país es libre por intermedio de su libertador. Solo así sabe conciliar su libertad con el orden: refundiendo la libertad de todos en la libertad de uno solo.

»Dos grandes calamidades públicas son, en efecto, el resultado lógico de la triste condición de un pueblo que vive privado de su libertad, por su incapacidad radical de gobernarse a sí mismo: la primera es que sus peores hombres tienen que ser los depositarios naturales de su gobierno delegado, porque se necesita carecer de toda calidad honesta para tomar por asalto la soberanía del país, falsificar la expresión de su voluntad, fracturar las puertas sagradas de la ley, y penetrar por ellas, como los salteadores, en el botín del gobierno, siempre vacante por la inepcia de su dueño; la segunda calamidad es que sus mejores hombres tienen que verse excluidos y perseguidos como criminales por los detentadores fraudulentos del poder, precisamente, porque su mérito les da el derecho a la confianza del país para ejercer la delegación de un poder, que los Gil Blas, los Tartufo, los Basilio ejercen a menudo, no porque merecen el gobierno, sino porque merecen la cárcel.

»Los hombres superiores son perseguidos y delatados como un peligro público. "Peligro público" quiere decir peligro de que esos hombres sean traídos por la opinión del país al poder de que su mérito los hace dignos. Cuando más dignos del poder, más peligrosos para sus indignos ocupantes. Cuando más indigno del poder se siente el que lo usurpa, mayor y más sincero será el horror con que mire al que más lo merece por sus cualidades.

»Por esa razón natural, en tal estado de cosas, el mérito superior tiene todos los efectos del crímen para la seguridad del desgraciado que por él se recomienda. Y si su mérito le viene de sus servicios, de sus trabajos en favor del país, el crimen de poseerlo es todavía más grande para el usurpador. Le tenderá asechanzas, le hará caer en situaciones equívocas, para tener pretexto de calumniar su vida, imputándole manchas capaces de eclipsar su merecimiento. Basilio será su hombre de guerra favorito para estas campañas subterráneas de serpiente de cascabel.

»Consagrar uno su vida al estudio de su país y de los grandes problemas que interesan a sus destinos en el mundo, será lo mismo que labrar su propia ruina. Será como recomendarse al odio del gobernante celoso de todo el que pueda sucederle. Cuanto más recta su conducta, mayor será naturalmente su riesgo de suscitar el rencor del usurpador.

»Y lo peor de todo será el efecto corruptor que ese estado de cosas produce en la porción sana de la sociedad; quiero hablar de la sanción forzada que la buena gente por temor o por necesidad, tiene que dar a las iniquidades de que son víctimas los mismos que ella respeta en secreto y en conciencia. Esto acaba por desesperar a los hombres rectos y por precipitarlos en expedientes excepcionales, en daño de la misma sociedad culpable de ingratitud para con ellos, y de relajación para consigo misma.

»Los tenedores fraudulentos del poder pedirán a la guerra que les proporcionó su adquisición en nombre de la libertad, los medios de conservarlo en sus manos; y el primer uso que harán del poder usurpado será el de impedir que el pueblo adquiera la capacidad de ejercer por sí mismo ese poder, que ellos le usurparon, nada más que porque le faltaba esa capacidad; y el expediente favorito que les dará ese resultado, será siempre la guerra. En nombre de la libertad tendrán privado al pueblo de su libertad misma.

»La guerra siempre es hecha en nombre de la libertad, pero su efecto no será otro que alejar más y más esa misma libertad, por una virtud que es propia de la guerra.

»La guerra no tiene efecto más seguro y positivo en Sudamérica que el de perpetuar la incapacidad del pueblo para el gobierno de sí mismo, porque ella interrumpe el trabajo de su educación y de su cultura política, espantando y alejando del país a los inmigrados sanos y cultos, que son los únicos que educan en la libertad; y atrayendo en su lugar a las inmigraciones de aventureros que no saben sino alquilar su brazo para matar por la espada, su único utensilio industrial, a los pueblos culpables de querer reinvidicar su poder de manos del usurpador, que emplea esas turbas, en perpetuar la usurpación.»

XII. El solo medio de crear el gobierno del país por el país

«No hay sino un medio de crear el gobierno del país por el país, en que consiste la libertad (entendida a la inglesa o a la anglo-americana): ese medio consiste en poner al país en camino de adquirir la inteligencia y la costumbre de la libertad, y de educarse por sí propio en la práctica del gobierno de sí mismo.

»¿Por cuál método, según qué sistema de educación? La historia de la América libre, es decir, de los Estados Unidos, ha dado ya la respuesta única, que esta cuestión tiene en el nuevo mundo. La emigración de la Europa libre y civilizada ha educado a la América libre, antes y después de ser independiente. Los resultados felices se han producido en tal escala y con tal prontitud, que la experiencia hecha en los Estados Unidos ha llegado a ser recibida como la ley de formación natural de la población moderna y, libre, en todo el mundo americano. Ya pasó el tiempo en que los pueblos civilizados se hacían y formaban a fuerza de siglos. Hoy se improvisan en el nuevo mundo con los elementos que recibe ya formados del antiguo. La América del Norte ha recibido hechos y constituido sus Estados, de manos de Inglaterra, como esas casas y buques que ella manda hechos, pero descompuestos para armarse en los países lejanos de su destino. Copiar sus leyes, no es traer sus libertades.

»Las constituciones escritas en el papel están expuestas a borrarse todos los días; las que no se borran fácilmente son las escritas en los hombres, es decir, en sus costumbres. La Constitución inglesa no está escrita, y por eso vive y gobierna la Inglaterra. Una constitución escrita se revoca y reemplaza por otra, que se escribe en un instante; una costumbre solo se reemplaza por otra costumbre, que cuesta siglos el formar.

»La Constitución inglesa emigrada al nuevo mundo en las costumbres de sus colonos ha sido escrita por ellos con motivo de su emancipación. Eso es lo que forma la "Constitución de los Estados Unidos", codificación americana del derecho público inglés consuetudinario.

»Como el original de que es copia no está escrito, las repúblicas de Sur América copian, no el original, sino la copia, que ellas toman por el original.

»No hay para la América del Sur otra ley natural de población y de educación política que la que ha poblado y educado a la América del Norte.

»Resolver el problema de la población, es resolver el problema de la educación de Sudamérica en la práctica del gobierno interior de sí misma. No son dos problemas, sino uno solo. No hay dos soluciones para él; no hay más que una sola.

»El medio de poblar es el medio de educar en Sudamérica, y no hay otro eficaz y pronto. La población en la América antes española no es mera cuestión de economía política. Es antes que eso, cuestión moral y social, cuestión de educación espontánea; en una palabra: es cuestión política en el más alto sentido. Poblar el país, es constituirlo políticamente, porque es educarlo, civilizarlo, además de enriquecerlo. Con la riqueza sucede lo mismo que con la libertad. ¿Queréis traer capitales extranjeros a nuestro suelo americano? La mejor forma o vía para hacer esa importación es traer trabajadores extranjeros, obreros extranjeros, para que planten y aclimaten el árbol del trabajo en el suelo americano. Ese es el árbol del oro. Eso es traer el criadero de la riqueza, la semilla de la riqueza, la causa de la riqueza, que es el trabajo inteligente: o, más, bien, el hombre trabajador.

»La riqueza, como la libertad, vive en el hombre, y tiene por causa al hombre. En el hombre está la mina, no en el suelo. El suelo puede estar lleno de oro: allí se quedará si falta el hombre capaz de explotarlo.

»Los Estados Unidos tendrían razón de creer que deben todos sus progresos a su sistema de instrucción universitaria y escolar si se hubiesen poblado con habitantes de la China, o con indios de Asia, o con africanos, o con indígenas de la misma América salvaje; pero como lejos de eso se han poblado exclusivamente con inmigraciones procedentes de la Europa educada y culta, ¿qué razón hay para dudar de que sus progresos le han sido formados y hechos desde la Europa libre y culta, de que proceden? La Constitución de los Estados Unidos es menos original que lo que se piensa. No es sino la Constitución de los Tres Reinos o Estados Unidos de la Gran Bretaña, emigrada al nuevo mundo con las gentes de la Unión Británica, de antes de ahora y de ahora mismo.

»Los sudamericanos creen que son las leyes escritas las que han hecho libres a los ingleses y a los norteamericanos, y no los ingleses los que han hecho a sus libres leyes, y a las leyes de sus libres colonos de América.

»Bastaría reflexionar en que una ley no se escribe a sí misma; que ella necesita de que un hombre lo escriba, y que para escribirla ese hombre necesita precederla en su existencia. Según esta ley, el hombre de libertad es anterior a la ley de libertad.

»La ley inglesa es libre porque el inglés es libre.

»¿Queréis copiar su libertad? No copiéis su ley: copiad la persona del inglés, es decir, sus costumbres, su modo de ser, si la vida puede ser copiada.

»¿Queréis traer a nuestro suelo la libertad inglesa? En lugar de traer sus leyes escritas, traed sus ingleses, su emigración, con sus costumbres y hábitos en que viven sus libertades, que no se producen ni revocan por golpes de Estado, ni por revoluciones caligráficas.

»En Sudamérica se toma per reforma de un país lo que es reforma de un papel escrito. En lugar de cambiar la educación de sus hombres, cambian las palabras de sus leyes y con eso creen haber hecho una "revolución", una "reforma".

»Lo que los impresores editores llaman "edición nueva y corregida" de un libro, los políticos de Sudamérica lo llaman "reconstrucción del país".

»Cambiando las leyes escritas y dejando los hombres como estaban antes de ese cambio caligráfico, se puede decir que la revolución nada ha cambiado sino de calígrafos.»

XIII. La inmigración, que educa y civiliza, no es espontánea en países nuevos

«Pero la América del Sur no tendrá jamás la inmigración que educa, si se atiene a la inmigración espontánea; es decir a la inmigración que viene sin ser llamada. La población civilizada y libre no emigra espontáneamente sino a países libres y civilizados, ricos y seguros. Dejaría de ser civilizada, si obrase de otro modo. Nadie que vale algo emigra espontáneamente para empeorar de condición. Para determinar a la buena población de Europa, a emigrar a países inferiores, es preciso forzar su espontaneidad por incentivos enérgicos, por irresistibles atractivos. Así obró la misma América del Norte con sus primeras inmigraciones europeas, cuando éstas iban a instalarse en países casi desiertos y semisalvajes. Renunció a los estímulos artificiales, cuando su población civilizada se hizo grande, y desde que esta misma grandeza se convirtió en suficiente estímulo.

»La única inmigración espontánea en los países peligrosos que dan frutos sin cultivo, es la mala población, que crece allí por sí misma como la mala yerba: la población de los ociosos, que comen sin trabajo lo que la tierra produce sin cultivo.

»La América antes española, casi toda ella tropical, necesita estimular y provocar las inmigraciones de libertad si quiere sustraer una porción de ellas a la gran corriente espontánea, que las lleva en dirección de la libre Unión Americana, de la libre Australia, de la libre Confederación de San Lorenzo. No debe esperarlo todo de su clima hermoso ni creer que ella lo monopoliza, pues también el hemisferio del Sur protege la aclimatación de la libertad británica en los hermosos climas del Asia del Sur y de la Africa Austral.»

XIV. Si el clima hermoso no es estimado, tampoco es obstáculo de la libertad

«Entretanto, la libertad de Australia y del Cabo de Buena Esperanza hacen ver al mundo que si el clima hermoso de la América del Sur no es suficiente motivo para atraer por sí solo a las emigraciones de la Europa libre, tampoco es obstáculo para su establecimiento y desarrollo.

»¿Por qué Sudamérica no recibiría la inmigración que educa en la libertad de la misma corriente de que la toman esos otros países libres del hemisferio del Sur?

»No es de creer que los climas diferentes produzcan diferentes razas de hombres; pero es visible que producen diferentes direcciones en el desarrollo de nuestra única raza humana. Una dirección de siglos, modifica nuestra raza al punto de hacer parecer como raza aparte lo que es una cultura diferente de la misma raza.

»Este es todo el valor y sentido natural que para mí tiene la distinción entre "raza latina" y "raza sajona", pues venidas ambas del septentrión, deben al curso de quince siglos las dos educaciones que las hacen pasar por dos razas diferentes.

»Las razas dichas "latinas", que representan el calor, son útiles como el calor de su suelo meridional; pero las razas del norte, que representan el temperamento frío de su origen, han servido mejor al desarrollo de la libertad.

»Razas diferentes, o educaciones diferentes, la verdad es que la civilización resulta del cruzamiento de culturas como del cruzamiento de las castas. Si las plantas de un clima se aclimatan en clima diferente, ¿qué no será del hombre, que lleva en su naturaleza fecunda su clima nativo a todas partes? ("¿A que viene esa discusión de historia natural?" —interrumpe una voz.)

»No olvidemos, dice Luz del Día, la gran cuestión que nos ocupa. Nos ocupamos de averiguar si la América Latina es capaz de aclimatar en su suelo a la libertad sajona. No es una cuestión de razas puramente: es una cuestión de civilización. La libertad política es una costumbre sajona en este siglo.

»Pretender conservar el Sur de los dos mundos, para dominio exclusivo de las razas latinas, es querer excluir del hemisferio del Sur la libertad o el gobierno de sí mismo.»

XV. El dilema de la libertad en Sudamérica

«El dilema es de hierro para la América del Sur: o latina exclusivamente, y entonces esclava; o libre, y entonces sajona, por la educación y el temperamento cuando menos. ¿Quiere Sudamérica tener la Constitución y las libertades de la América del Norte? Pues no las tendrá jamás sin la cooperación de las razas que han educado y formado a la América del Norte en el gobierno de sí misma. La libertad es una conducta, una educación, una dirección, una costumbre de vivir y conducirse. Vive arraigada en el hombre, no en el papel escrito, y la costumbre engendra la costumbre, como el hombre al hombre. La libertad vive, viaja y se propaga con el hombre libre, que al presente es el hombre del Norte, frío como su temperamento, que es de la libertad misma. En efecto: la libertad es un temperamento, y un temperamento frío. Es fría por índole, como la justicia y el derecho. ("Y como la verdad" —agrega una voz maliciosamente.)

»El calor repugna a su castidad apacible. (Una tos burlona.)

»El entusiasmo le es sospechoso. A los poetas los admira, pero los aleja coronados del seno de sus consejos graves. La libertad es paciente y sufrida: el que no la conoce, la confunde por su exterior humilde con la servidumbre; y toma a la esclavitud por libertad, solo porque la ve arrogante y violenta, como lo es por temperamento.

»Si la América antes española prefiere ser la "América de la poesía", a ser la "América de la libertad", puéblese entonces con las inmigraciones de la Europa latina. La raza latina la traerá naturalmente su "libertad latina", libertad muerta, como la lengua latina, libertad arqueológica, que practicó la difunta República romana, y que solo vive hoy como vive su lengua, la vida de los fósiles, en los museos y biblotecas de los eruditos, no en los parlamentos que la antigüedad latina no conoció.»

XVI. Índole y condición de la libertad latina

«¿Cuál es la índole y condición de la "libertad latina"? Es la libertad de todos refundida y consolidada en una sola libertad colectiva y solidaria, de cuyo ejercicio exclusivo está encargado un "libre Emperador" o un "Zar libertador". Es la libertad del país personificada en su gobierno, y su gobierno, todo entero, personificado en un hombre. Es la "libertad autoritaria"; y el "hombre-autoridad" en quien se personifica, al estilo romano o latino, puede con razón decir: "la libertad soy yo", como aquel patriota rey que dijo: "la patria o el Estado soy yo". De libertades de esta especie está poblada la América latina, y sus federaciones son hijas de libertadores de este liberalismo latino, en que cada gobernador puede decir: "mi Provincia es libre, y su libertad soy yo".

»La palabra "libertad latina", en el idioma de la libertad moderna expresa un contrasentido; es como decir, "libertad romana, libertad imperial o dictatorial". Bajo la Roma, que dejó sus leyes y su gobierno a la Europa llamada latina, la libertad del país se ejercía por el "Emperador". En este sentido, el imperio era un comunismo de libertad en cuyo fondo se resumían todas las libertades individuales. La patria era libre en la persona de su soberano, pero no en el hombre.

»La libertad moderna es antirromana, antilatina por esencia. La libertad viva y palpitante (que es el gobierno del hombre por sí mismo, como se practica en Inglaterra y en la América del Norte), "ha salido", como dice Montesquieu, "de los bosques de la Germania", no del viejo "Latium", ni de la antigua Roma. Ella es sajona y germánica de origen, anglo-americana de presente y porvenir. Es la libertad del hombre dividida en dos partes, o ejercida de dos modos: una para formar el fondo común de libertades unidas, que se llama "autoridad o gobierno"; otra que cada hombre se reserva para garantía de la que delega, y se llama "libertad individual".

»Pero esta libertad sajona y germánica de origen, no vive hoy en Sajonia ni en Germania, como no vive en Palestina la religión cristiana de origen judaico. Emigrada al occidente la libertad sajona, trasladó sus lares a la Holanda, a la

Inglaterra, a la Suiza, a la América del Norte. Solo en esos países es libre el hombre; en los otros, es libre el rey o el gobierno.

»En la Germania reside hoy la libertad latina, como en Palestina la religión de Mahoma. La libertad del César ha emigrado al Rin, con los legistas y publicistas romanos, renacidos en Heineccio, Hugo, Niebhur, Savigny, etc., etc., los precursores lógicos dc Bismarck, de Molke y del Emperador Guillermo, que con razón se ha definido él mismo "un rey libre", del libre país que le ha entregado toda su libertad. El zar representa en Rusia al mismo título la "libertad greco-latina", que no es precisamente la libertad anglo-sajona.

»La geografía de la libertad es cuestión vital para la América del Sur, no solo para conocer las fuentes en que ha de buscarla, sino para conocer sus aptitudes de aclimatación en todos los hemisferios.

»Cada América ha sido y será lo que es la Europa de que procede y se nutre. Hay dos Europas como hay dos Américas: la Europa autoritaria y la Europa libre; la una latina, la otra sajona, por el genio, no por la raza. Cada Europa tiene su correspondiente América, poblada de su pueblo, civilizada de su civilización, y dotada de sus costumbres, creencias, leyes, gustos, servidumbres y libertades. Cada Europa ha dado al Nuevo Mundo lo que podía darle, que es lo que ella tiene: la sajona le ha dado sus libertades, la latina le ha dado sus nobles servidumbres; y si le ha dado libertades, esas libertades han sido "libertades españolas, libertades portuguesas, libertades francesas, libertades italianas", que son especie aparte de las "libertades sajonas". La América del Sur puede preguntar a España, a Portugal, a Francia, a Italia, si prefieren ellas su "libertad latina" a la libertad "anglo-sajona" de la Inglaterra y de los Estados Unidos.»

XVII. Si es posible dirigir las corrientes de las emigraciones

«¿Quién ha llevado, quién llevará a cada Europa en cada América? El que ha formado las corrientes de los mares y de la libertad: el poder de las cosas, que rige el poder de los gobiernos.

»La geografía y sus facilidades, la identidad de sus creencias, de costumbres, de idioma, de raza o dirección, la presión de la historia, el yugo de lo pasado, harán a ese respecto lo que no pueden hacer ni evitar los decretos de los gobiernos.

»Sin embargo, el poder de los gobiernos puede ser eficaz en eso mismo, cuando ellos gobiernan con el poder de las cosas, modificado por el arte de la política, como el mecanismo es fuerte y poderoso sobre la materia inerte, no por su propias fuerzas, sino porque sabe servirse de las fuerzas naturales gobernadas por las leyes de la mecánica que le son familiares.

»Si la acción de los gobiernos fuese impotente del todo para lo que es atraer a una Europa, más que a otra, en Sudamérica, no tendrían razón los que les aconsejan cerrar las puertas del hemisferio del Sur a la entrada de la influencia y de la raza anglo-sajona. Si es posible excluirla, con doble razón debe ser posible atraerla, porque para esto no hay sino que dejar libre curso a su poder de dilatación.

»En los dos polos existe el frío, y la libertad puede encontrar su temperamento en ambos hemisferios. Los franceses, más meridionales quo los ingleses en Europa, poblaron la América más septentrional de su raza latina, que hoy practica la libertad anglo-sajona en el Canadá. Los ingleses, más septentrionales que los franceses en Europa, se instalaron al Sur de los franceses en Norte América, y el calor de las bocas del Mississippi y del golfo mexicano no les impide practicar la libertad de su raza, en el suelo antes latino de la Florida, Nueva Orleans y Tejas. Los holandeses, más septentrionales en Europa que los Españoles y portugueses, pasaban por delante de España y Portugal para ir a poblar la Nueva Holanda, en la parte austral del Asia; y al lado del despotismo asiático, abonaban la tierra de Australia, en que florecen hoy día las libertades sajonas.

»Todos esos progresos de la libertad, en América y en el mundo austral, han sido la obra de los gobiernos obedientes a la naturaleza de las cosas; pero, es verdad, de los gobiernos europeos.

»¿Qué podrían hacer a este respecto de los gobiernos de Sudamérica, que lejos de gobernar a las corrientes naturales son gobernados por ellas? Nada, o muy poco, con su poder propio; mucho con su poder auxiliado por los gobiernos europeos. La acción unida de los dos mundos, en este sentido de interés recíproco, debe ser todo el objeto de la política exterior de América, empleada en servicio de su política interior, que se reduce, en el fondo, a educar al pueblo de Sudamérica en el arte y en la práctica del gobierno interior de sí mismo (en que consiste toda la libertad moderna y verdadera).

»Sudamérica debe hacerse poblar de preferencia por la Europa del Norte, si aspira a ser libre y rica. Debe buscar su educación y desarrollo liberal en el trato saludable y fecundo de la Europa del frío. La Europa del Sur no necesita ser llamada; vendrá sin que la busquen mediante la corriente ya formada, por la acción de los siglos; y si no debe jamás excluirla por sistema, tampoco debe buscarla por alicientes sistemados.

»Las corrientes de las emigraciones humanas son como las emigraciones o corrientes de las aguas: unas son naturales, como los "ríos"; otras son artificiales, como los canales. No por eso los canales son menos útiles que los ríos, para poblar de gentes y de vegetales los terrenos antes solitarios y yermos, que atraviesan.»

XVIII. De la inmigración, como medio de educación política

«¿A quién la iniciativa del trabajo de poblar a Sudamérica, como medio de educarla en la libertad o en el gobierno del pueblo por el pueblo? Como medio de educación política, la inmigración debe ser uno de esos negocios públicos, regidos por el poder que el país se reserva constitucionalmente, tales como la prensa, el poder electoral, el derecho de petición, de reunión y por fin de educación; poderes no delegados, que son como las libertades del país por excelencia. El pueblo de los Estados Unidos consagró este principio fecundo y decisivo de sus destinos, por el artículo de su Constitución que quitó al gobierno delegado el poder de limitar la inmigración.

»Como cuestión de educación política del pueblo nativo por el pueblo exótico, la inmigración debe ser gobernada y dirigida por el poder inmediato y directo del país, como un día sucederá con el culto o la educación de las almas; con las universidades, o la educación de las inteligencias.

»La razón de esta reserva, de vida o muerte para la libertad, es la más simple.

»¿Quién dará al pueblo la educación del gobierno de sí mismo, si no se la da él propio, como el primer interesado en asumir ese gobierno? No es natural que el gobierno delegado o tutelar, que ejerce su poder, por causa de su incapacidad, se apresure a darle la capacidad que debe poner fin a su delegación cómoda y lucrativa. Para que el pueblo no aprenda jamás a gobernarse a sí mismo, es decir, a ser libre, no hay más que dar el cuidado de ese aprendizaje al único que tiene interés en retardarlo o eludirlo, que es el gobierno delegado. El gobierno hará el aparato de enseñarle, pero su enseñanza tendrá por objeto educarlo en el olvido o desconocimiento del gobierno de sí mismo.

»La ignorancia del pueblo, en el gobierno de sí mismo, es una mina de poder para los gobernantes sin probidad, que son los negreros de sus compatriotas, al favor de esa ignorancia. Es en fuerza de esa ignorancia, que el pueblo cree que elige lo que sus gobernantes le hacen elegir; cree que piensa por él lo que sus gobernantes le hacen pensar; cree que por sí mismo hace todo cuanto hace, y la verdad es que nada hace, sino lo que el gobierno le hace hacer. Cree que es poseedor, y en realidad es poseído; se figura que es soberano y señor de sí mismo, y en realidad es vasallo servil de sus gobernantes. Porque su nombre y su poder son invocados en los actos de sus gobernantes, tal pueblo se considera garantido contra el despotismo, y no se apercibe de que es oprimido sin refugio, porque es oprimido con su propia soberanía y en su propio nombre; de que su tiranía es indestructible, precisamente porque es tiranizado con su propio poder o libertad. Solo en este sentido burlesco, puede decir que se gobierna a sí mismo, y que es libre un pueblo dotado de tal ignorancia. Y no es otro ni puede ser otro el modo de ser libres de los pueblos que carecen de la inteligencia, de la educación, de la costumbre de gobernarse a sí mismos, en lo cual consiste toda la libertad política.

»Los que quieren ser libres deben saber una cosa, y es que todo pueblo que no aprende y adquiere por sí mismo la inteligencia y práctica del gobierno de sí propio, no debe esperar jamás a que el depositario de ese gobierno sea el que le enseñe a no necesitar de él. Baste saber que educar el pueblo en la libertad es equivalente a devolverle su poder. La educación política, es decir, la costumbre inteligente de ejercer el poder, es la verdadera y sola libertad. Así, en los países libres, la educación pública es una parte de la soberanía cuyo ejercicio no se delega ni saca de las manos del pueblo; como la prensa, la educación es una garantía que el país se reserva contra la propensión natural de los delegados de su poder, a convertirse en dueños del poder ajeno, que les está delegado, siempre que el dueño verdadero no le pone obstáculo. Por eso en Inglaterra y Estados Unidos el pueblo corre con su propia educación. Ella hace parte del gobierno municipal, de que son un accesorio las universidades mismas. Si, pues, el gran medio de educación popular americana es la inmigración de poblaciones educadas, los países de Sudamérica, que aspiran a ser libres, deben tomar y retener en sus manos la dirección de la inmigración, sin entregarla jamás al gobierno, ni permitirle que la limite. Si se pone ese inmenso elemento en las manos del gobierno, lejos éste de atraer la inmigración que enseña al pueblo a no necesitar de sus dictadores, traerá la chusma y basura de la emigración europea, por ser la que mejor le sirve para mantener al país ignorante y desnudo, en fuerza de esa ignorancia del gobierno de sí mismo; y por guerras criminales, espantará y alejará la inmigración instruida, rica, sería, libre y capaz de educar por su ejemplo en el uso de la libertad, como ha sucedido y sucede hoy mismo en la feliz América del Norte. El gobierno que no aleja la mala inmigración por los medios indirectos, de que todo gobierno dispone, es en realidad el que la atrae y fomenta; y si en cierto modo puede él decir que gobernar es poblar, con más razón puede decir que poblar es embrutecer, corromper, empobrecer y apestar.»

XIX. Condiciones especiales de la libertad

«No quiere en realidad gozar de la libertad el que no quiere las condiciones que hacen existir a la libertad. De estas condiciones depende todo el hecho de su existencia. Donde ellas faltan, la libertad puede existir escrita, como idea, como pasión, como objeto de culto, pero no como la institución real y necesaria, sin la cual no hay sociedad civilizada. La primera condición de la libertad es la paz. Pero esta condición es difícil para un país nuevo. La paz es monótona, prosaica, ordinaria; no produce héroes, ni victorias, ni triunfos, ni glorias, ni laureles, ni coronas, ni estatuas; pero produce lo que vale más que todo esto, y es la libertad o la capacidad del país de entender, gobernar y desarrollar sus propios destinos, como solo él puede apetecerlo y conseguirlo. En Sudamérica la simple paz puede ser todo un sistema de gobierno. No necesitan sus repúblicas sino conservarla a todo trance, para que su progreso se opere rápidamente y por sí mismo. El gobierno que es incapaz de producir el progreso, es muy capaz de interrumpirlo; no basta para eso sino promover la guerra civil.

»Interrumpir la paz en Sudamérica, es interrumpir la buena inmigración y provocar la mala; es interrumpir la educación, que por esa inmigración se opera; es interrumpir la industria, que engendra la riqueza, sin la cual toda libertad es imposible. El trabajo es dinero, y el dinero es libertad porque el dinero es poder y fuerza. El ocioso que dice amar la libertad, miente: la libertad no le sirve para nada. La pobreza del ocioso le hace ser el siervo natural del que posee.

»Si Maquiavelo hubiese tenido que encerrar en una sola regla todo el arte de hacer imposible el establecimiento de la libertad interior en Sudamérica, le hubiese bastado dirigir a sus gobiernos este simple consejo: "no dejéis apagar por un momento el fuego de la guerra civil".

»El estado de guerra es el estado de sitio. Sabido es que el estado de sitio o de guerra suspende la Constitución. Pero la Constitución es la carta geográfica de la libertad del país, o de su gobierno de sí mismo, en que consiste su libertad. La Constitución demarca las divisiones de ese poder y traza las fronteras que limitan los distintos poderes y libertades, en que se divide el gobierno del país por el país. La guerra borra esas líneas con su esponja ensangrentada y todos los poderes se confunden y reúnen en el poder del gobierno delegado. En nombre de la "salud pública", interpretada por una salud individual, son suspendidas por el estado de sitio la libertad de la prensa, la libertad de reunión, la libertad de circulación o de comercio, la libertad electoral, que deja de ser útil porque la salud pública exige que el gobierno se prolongue indefinidamente. La oposición al gobierno es declarada crimen de traición a la patria, por dos razones incontestables: 1.ª que la patria se personifica y refunde toda entera en el gobierno, por el estado de guerra o de sitio; 2.ª que todo ataque hecho al gobierno es servicio hecho al enemigo. Un estado de cosas tan confortable y útil para el gobierno, no puede dejar de ser una necesidad de la salud pública, representada por la salud del gobierno, o, mejor dicho, del gobernante. El único que preferiría la enfermedad a su salud delegada de este modo, sería al país mismo; pero el país está obligado a preferir la salud de su médico a su salud propia, es decir, la salud de uno solo a la salud de todos.»

XX. Condiciones esenciales de la paz

«La paz tiene también sus condiciones esenciales de existencia, y la primera es la presencia de un gobierno eficaz. Solo en países esclavizados o semibárbaros, la ruina del gobierno significa libertad. En los países libres decir: "Dios salve a la Reina", es lo mismo que decir: "Viva la libertad". Así puede la paz existir sin un gobierno, como el techo de un edificio sin sus paredes.

»No quiere la paz ni la libertad el país que no acepta como condición necesaria de esos dos beneficios el de la existencia de un gobierno. La oposición se equivoca cuando cree que solo ella representa a la libertad: el gobierno, por su naturaleza moderna, la representa tan bien como la oposición.

»Pero no hay respeto para el gobierno bueno donde es lícito destruir al gobierno malo.

»El exceso y la licencia viven en el hombre naturalmente imperfecto, inseparables de la libertad y del poder.

»No hay libertad donde no hay licencia, y lo que tiene ésta de excusable, es que solo hay licencia donde hay libertad. La licencia es las más veces la hermana ilegítima de la libertad: su precursora y vanguardia. Si permitís suprimir la licencia de la prensa, v. g., creáis el mejor pretexto para suprimir la libertad de la prensa. A esta condición existe la libertad de la palabra parlamentaria: ella es inviolable hasta en sus abusos, y no hay razón para que libre prensa exista de otro modo que la palabra libre.

»Os agrada esta doctrina, ¿no es verdad, señores "liberales"? Pues sabed que hay otra que la sirve de compensación y que no es menos justa: donde no hay arbitrariedad, no hay autoridad, y lo que hace perdonable a la arbitrariedad es que ella no tiene motivo de existir donde no hay gobierno. Si permitís la revolución como medio de suprimir el abuso de poder, creáis el mejor pretexto para suprimir el poder mismo. En el hombre vive la excepción al lado de la regla. Su conducta es regular y perfecta desde que es conforme a la regla, aunque no falta una excepción que la desmienta.

»Si "poder" y "libertad" no son más que dos aspectos de una misma cosa, ¿por qué el exceso sería excusable en nombre de la "libertad-poder" y no lo sería en nombre del "poder-libertad"?

»Los que piden la impunidad de la licencia, de temor de que la libertad sea confundida con ella en el castigo, están obligados a respetar las licencias del poder, de temor de comprender al poder mismo en la represión violenta de sus abusos.

»De su parte, no quiere la paz ni la libertad el gobierno que no acepta como condición vital de esos bienes la oposición del país a la gestión de su poder delegado. Si de veras quiere la libertad y la paz, el Gobierno tiene que probarlo, respetando al país su derecho de intervenir y tomar parte en la ejecución de su mandato, por la discusión, por la crítica, por el consejo, por el aplauso, por la protesta, por el ataque y por todos los medios de disentir sin delinquir, que la Constitución le ha reservado. Respetar la libertad del que aplaude al Gobierno, es un respeto que florece hasta en los gobiernos más tiránicos del Asia. Respetar la libertad del que lo ataca, es un respeto que solo conocen los gobiernos de Inglaterra, Estados Unidos, Bélgica, Suiza, es decir, los gobiernos libres.

»Para un gobierno inteligente y honrado, la oposición es su garantía de estabilidad, y su auxiliar más útil. La oposición es una especie de poder en reserva, un gobierno en disponibilidad, por decirlo así, que espera en actitud pasiva y respetuosa la hora de suceder al personal del gobierno en plaza.

»Si ser libre es tener parte en el poder, síguese de ello que cuando en el poder solo tienen parte los que gobiernan, puede decirse que solo el Gobierno es libre en el país sin libertad. Donde no hay oposición, solo hay libertad oficial o gubernamental. Todo el país, menos los que gobiernan, está sin ejercer su libertad, y el Gobierno que la monopoliza vive amenazado de una reivindicación natural incesantemente.

»Después de la institución de un gobierno, no hay condición más elemental de la paz que la oposición; y la razón de ello es que la oposición es el complemento del gobierno mismo.

»La oposición liberal no es sedición, sino en el gobierno asiático y africano. Darla este nombre y sentido, es calumniarla. La sedición es crimen, pero la oposición es la libertad misma, en cuanto es la colaboración del país en la gestión de su gobierno. No es la antítesis ni la negación del gobierno, sino su complemento. Donde la oposición falta, el gobierno libre está truncado; el país se "medio-gobierna" por sí mismo; el país es medio-libre y su libertad es la mitad de una libertad completa y regular. Donde todas las libertades no existen respetadas a la vez, se puede decir que ninguna de ellas existe repetida. Ninguno es libre, donde no son libres todos, porque la libertad de los otros es el límite de nuestra libertad. El poder o la libertad del gobierno se acaba donde empieza el poder o la libertad reservada al país por la ley fundamental.

»No es decir por esto, que alguna libertad no exista tolerada bajo el peor despotismo. En cuanto poder, la libertad existe cuando menos para el que monopoliza ese poder mismo. El despotismo no es otra cosa que el monopolio de la libertad.

»Lo que caracteriza el estado de despotismo de un país no es la "ausencia absoluta", sino la "ausencia relativa" de la libertad. La libertad no puede faltar de un modo absoluto en un país independiente, como no falta el poder de un modo absoluto en el país más anarquizado. Alguien o algunos quedan siempre, que en realidad son libres, y esos son aquellos que ejercen el poder; pues "poder", como se ha dicho, es sinónimo de "libertad". Así se puede definir el estado de despotismo, aquel en que la libertad existe de un modo relativo, en que solamente es libre el hombre, o el círculo o la minoría que ejerce el poder del país destituido.

»No hay verdaderamente estado de libertad sino en el país en que el poder está diseminado en manos de todos sus ciudadanos por igual. En este sentido, "igualdad" significa "libertad" en todos por igual.»

XXI. Libertades que son el pan de cada día

«Pero es condición esencial de la libertad moderna que una parte de su ejercicio sea delegada por el país a un cierto número de mandatarios o representantes. Así, el gobierno del país por el país, en que consiste la libertad verdadera, lejos de excluir la existencia de un gobierno delegado por el país gobernante, no puede un pueblo soberano gobernarse a sí mismo sino por medio de delegados, que desempeñan en su nombre la gestión de su poder o libertad colectiva, en la forma, en el número de funciones y en los objetos determinados por una gran ley, que se llama "Constitución".

»Esa delegación abraza esencialmente una mitad del poder del país delegante, y es la que toma el nombre de "gobierno" propiamente dicho. La otra mitad del poder popular queda sin ser delegada, es manos del país mismo, que la ejerce de un modo inmediato y directo, esta es la que principalmente se llama "libertad".

»Esta reserva es la condición natural de toda delegación discreta. El que delega todo su poder y no se reserva ninguno, se constituye esclavo, siervo o pupilo de su mandatarios. No hay más que un medio de impedir que el mandatario ceda al instinto natural de apropiarse el poder ajeno depositado en sus manos, y es que el país se reserve otra porción de su poder para impedirle ese abuso siempre posible y casi siempre probable.

»Esta porción de su gobierno, que el país se reserva para ejercer directa e inmediatamente por sí mismo, se compone, más o menos, de los siguientes "poderes, atribuciones, garantías", que son como el decálogo social del hombre libre:

»1° La libertad o el poder de elegir a sus mandatarios, delegatarios o representantes;

»2° La libertad o el poder de discutir los actos y la conducta pública del poder delegado, de instruir, de aconsejar, de informar, de censurar, de desaprobar, de combatir sus medidas, por todos los medios y vías de publicidad constitucional;

»3° El poder o la libertad de celebrar congresos o reuniones para discutir en público por la palabra, la conducta del Gobierno, las medidas que el país desea, las cuestiones públicas que interesan a una institución, a una elección, a un trabajo, a un cambio o reforma de utilidad general;

»4° El poder o la libertad de perpetuar esas asociaciones como medio de mantener un espíritu público, una opinión general, siempre dispuesta a ser consultada y manifestada en los casos necesarios;

»5° La libertad o el poder de administrar los negocios locales o provinciales, que no han sido, ni deben, ni pueden ser delegados al Gobierno general o central de la nación;

»6° La libertad o el poder de pensar, de estudiar, de aprender, de creer, de enseñar, de educar, de instruir (de que hace parte la libertad de los cultos, simples medios populares de educar las almas y los corazones);

»7° La libertad o el derecho civil y social de gobernar y administrar su propia persona privada, su propia familia, su propio hogar, su propio peculio y su propia industria y trabajo privado, en que ese peculio tiene origen, sin intervención del país ni del Gobierno, cuando ni el país ni el Gobierno son ofendidos en ello;

»8° La libertad o el poder de armarse voluntariamente, para componer la fuerza exigida por la defensa del país; contra toda usurpación de su derecho, tanto externa como interna;

»9° La libertad o el poder de irse del país o de venir al país, de circular en su territorio, de elegir su domicilio, de formar poblaciones, de crear establecimientos y poblarlos por inmigrados extranjeros, traídos por vía de industria privada;

»10° La libertad o el poder de trabajar en toda industria, para comer, vivir y enriquecer, reservada por igual a todos los habitantes, sin desmentirla ni revocarla por monopolios y privilegios;

»11° La libertad o el poder de adquirir, de poseer, de enajenar, de ceder y transmitir su bien en toda forma y por toda vía, sin limitación ni restricción.

»Otra de las condiciones alimenticias de la libertad es el desarrollo del trabajo industrial en el país. Solo es libre el país que es rico, y solo es rico el país que trabaja libremente. La libertad es poder, siempre que el poder nace de la riqueza; pero la riqueza que nace del poder no es libertad, porque nace del ocio, no del trabajo. La libertad deja de existir en el país que convierte su política en industria de enriquecer y vivir. Cuando un país cae en esa degradación, no le queda salud sino en la conquista del trabajo como educación; y el solo ejército que sirve para operar esa conquista, es una inmigración de trabajadores inteligentes. No se alucine Sudamérica con su fértil suelo. Su fertilidad no la dará la riqueza, que vive en el hombre laborioso, no el suelo. No hay mejor medio de traer riquezas y capitales extranjeros al país, que traer inmigraciones de trabajadores inteligentes y laboriosos.»

XXII. Escollos de la libertad en Sudamérica

«He citado las condiciones de la libertad. Voy a enumerar sus principales escollos en Sudamérica.

»1° El primero es la "gloria". La gloria por excelencia en Sudamérica es la gloria militar. Sus más grandes hombres, sus más grandes nombres y celebridades, son todos militares y guerreros. El origen de esta esterilidad, es el siguiente: Con motivo de que la guerra la dio todas sus glorias pasadas, a la guerra, naturalmente, se piden todas sus glorias modernas y venideras; y como su libertad exterior o internacional debió su origen visible a la "Guerra de la Independencia", las glorias de la guerra se han confundido con las glorias de la libertad.

»Lo único que Sudamérica ha olvidado, es distinguir la guerra del país contra el extranjero de la guerra del país contra sí mismo; la guerra que da el ser al país de la guerra que le da muerte; la gloria de vencer al extranjero de la gloria de vencer al compatriota; la gloria de reivindicar su poder propio a un dominador de fuera de la gloria de quitarlo al propio pueblo.

»Después de la gloria mal entendida, el principal obstáculo de la libertad en Sudamérica es:

»2° La "ignorancia". La ignorancia del gobierno de sí mismo en el pueblo que obedece, y la ignorancia del trabajo industrial en el pueblo que gobierna. La guerra es la cultura de estas "dos ignorancias", bajo el pretexto prestigioso de la gloria. La ignorancia del trabajo hace vivir sin trabajar. ¿De qué modo? De las rentas del Estado. ¿Robadas a mano armada? Nada de eso: recibidas como salarios de servicios impuestos por los medios de coacción de que el gobierno dispone. Llámase servir al país el servirse del país para vivir. De este modo, tener parte en el gobierno, es no solamente tener libertad, sino también tener pan. El que vive de la patria no puede dejar de amar a la patria como a su vida misma. El que come de la libertad, no puede dejar de amar a su libertad como a su pan de cada día. Desde que patria y libertad quieren decir "pan sin gran trabajo", los patriotas y liberales se volverán naturalmente toda la población del Estado.

»3° "La historia", o el pasado colonial, que ha dado a Sudamérica la complexión, que no se cambia por constituciones escritas. En efecto: deshacer esta manera de ser de Sudamérica, es deshacer su historia, que es en gran parte la historia de España. Desde que la madre que nos dio el ser y molde arruinó y olvidó su propia industria y comercio, para correr tras la conquista y las minas de plata trabajadas por los vencidos, ya no vivió sino de la gloria, y del patriotismo industrial, como la Roma de otra edad. Entonces dio principio nuestra educación, en esa nueva industria que ha crecido, como todas, con la independencia. España dio los empleos de su gobierno en esta América a los favoritos del rey, para dejarles ocasión de hacer fortuna. Con el virrey, la ganaban todos los favoritos del rey y del virrey, por medio del gobierno. Esa fue una de las causas invocadas para la independencia de la América así explotada por un pueblo de la Europa.

»Pero los libertadores de Sudamérica no pudieron deshacer la obra de la historia, es decir, la educación y el mal que ellos mismos habían recibido en herencia del pasado; y como la historia coincidió con el confortable en este punto, ellos mismos vivieron a menudo de lo que hizo vivir a los virreyes. Virreyes de la patria independiente y soberana, vivieron e hicieron vivir a los suyos de la industria de las "guerras gloriosas" y del "patriotismo liberal", al revés de la América del Norte, que vivió de la agricultura, de la industria fabril y del comercio, como su madre patria, de quien recibió en herencia esa educación prosaica del trabajo, la única que sirve a la libertad.»

XXIII. La libertad es una carga, no un placer

«El ejercicio de la libertad o poder, que el país se reserva para garantirse del poder que delega, es todo labor y ocupación continua, de carácter enojoso.

»Ser libre es vivir ocupado día y noche de los intereses comunes y generales, en que están vinculados los privados. En este sentido, es muy cierto decir que la libertad es "virtud", pues su gestión laboriosa se acerca más al sacrificio que al placer. Si el gobierno de sí mismo en lo privado es laborioso, ¿cómo dejaría de serlo el de los intereses propios, de carácter general y público? La libertad es una carga, un peso, una tarea: no es un deleite. Pero es la carga agradable, que se impone gustoso el que fomenta su tesoro. Ser libre y liberal, no consiste en cantar canciones de libertad, ni en escribirlas, ni en echar maldiciones al gobierno, ni en insultar a los poderosos, ni en pronunciar calurosos brindis y discursos energúmenos contra el despotismo. Es dar, sin ruido ni aparato, su tiempo y su labor, en el puesto que a cada uno toca, a la colaboración de la obra común, exigida por el bien general de la patria. La vida del hombre libre es más seria que agradable; dista menos del silencio austero del templo que del bullicio profano del teatro.

»Para conservar entero este poder, que el país se reserva en garantía del que delega, debe ejercerlo incesante, y continuamente. Lo mismo es dejar de ejercerlo por un día que empezar a perderlo hasta no ejercerlo absolutamente.

»Así es otra condición esencial de la libertad la de que el país intervenga sin interrupción en la gestión de su gobierno, sin abstenerse jamás; porque abstenerse es abdicar su libertad; es entregarse a manos de los que no se abstienen; es poner la libertad del país y la libertad de cada uno en poder de los hombres o del partido que gobierna. Los que se abstienen de intervenir en la política de su país, pierden el derecho a quejarse de que son despotizados, porque son ellos mismos los que se dan el déspota de que se quejan. En este sentido es indudable que el despotismo vive en el pueblo abstinente y flojo, no en el déspota erigido por esa flojedad. La abstención de la vida política, lejos de probar buen juicio y sensatez; prueba imbecilidad, incuria, vicio y degradación.

»También es indudable que si la abstención en general es un suicidio, la no abstención en casos dados es una prostitución. Abstenerse en Sudamérica, es a menudo dejar sus destinos en manos de los pícaros; pero mezclarse en la política, es a menudo enterrarse en la basura de su país. Hay un tercer partido que tiene un pie en la abstención y otro en la política. Este es el peor, pero es el más seguido, porque se impone por dos fuerzas irresistibles, aunque contradictorias: el interés de su dignidad, y el de la preservación de su vida y bienes. La gente honrada en Sudamérica está embarcada en un buque de piratas: el que quiere vivir y valer algo, tiene que contemplar a los capitanes de la nave. El pirata, sin embargo, no le impedirá llegar a puerto, a condición de no abstenerse.

»En otros tiempos ya pasados, abstenerse de la vida pública era dejar sus destinos personales en manos de un caballero ignorante y caprichoso, pero al fin caballero más o menos honrado, que era el rey absoluto y omnímodo. En esta época de democracia abstenerse es entregar la suerte de su persona, de su familia y de su país en manos de las lavanderas y de las mujeres del mercado, que son las que gobiernan a sus maridos, los zapateros, los albañiles, los obreros en general, ciudadanos tan activos como ignorantes, que son los que poseen y merecen el poder, porque lejos de abstenerse, son los primeros y únicos que intervienen en la política del gobierno común de su país, desgraciadamente no para dar su voto, sino para venderlo al mismo gobierno existente, que lo paga con el dinero de los abstinentes, para perpetuarse en el puesto que debe a la miseria de los pobres y a la imbecilidad de los ricos.

»El que renuncia a ejercer su libertad, no renuncia a un placer; renuncia a su propiedad privada, a su honor, a su hogar, a todo lo más caro que el hombre posee en la tierra, pues la libertad o la intervención del ciudadano en la gestión de la política o el poder colectivo del país, no tiene más objeto en último resultado, que asegurar y garantizar aquellos beneficios.

»Si la libertad no tuviera este valor y sentido, no pasaría de un entretenimiento de vanidad juvenil, o de un medio fraudulento y fácil de hacer fortuna sin trabajo. Lejos de pertenecer preferentemente a los jóvenes, a los aventureros y a los pobres, que son los que más la invocan, son los ricos y los padres de familia los más interesados en poseer y ejercer continuamente la libertad. Su error consiste en verla siempre por su aspecto de poder y de gobierno y en no aceptar su ejercicio sino en esta forma. El papel más bello y fecundo de la libertad o del poder del país por el país, no es el del delegado, sino el del delegante; es el del propietario del poder soberano, no el del administrador del ajeno poder; es el del que manda, no el del mandatario; es el del poderdante, no el del apoderado. Ante el más encumbrado gobernante, el país es siempre su soberano. Este único soberano de una república gobierna sus negocios de dos modos, o mejor dicho, ejerce su gobierno por dos medios: uno indirecto, otro directo; por gobernantes de su elección y por sí directamente. Mejor entienden y practican los pueblos su dignidad de soberanos, cuando en vez de gobernar hacen gobernar, que no los reyes absolutos, cuando en vez de hacer gobernar, gobiernan ellos mismos, pues entonces obran como meros capitantes de buques o meros intendentes de su propio reino. Pero hacer gobernar de un modo digno, no es dejar gobernar hasta abandonar el gobierno para no ocuparse de él. Todo soberano (incluso el soberano pueblo) paga su pereza con su corona. Hacer gobernar, es vigilar, dirigir, inspirar, conducir y ésta es la alta función que el pueblo ejerce cuando practica la soberanía, que se ha reservado por la ley de sus leyes, para no perder su trono, ni los derechos de sus individuos.» (Fin de la conferencia.)

XXIV. Fin de la conferencia de Luz del Día

Este discurso fue seguido de un profundo silencio; este silencio, de un profundo bostezo; este bostezo, de un profundo ronquido y de otro y otro, hasta formar un coro, que acabó por despertar al mismo auditorio, sumergido en masa, por la elocuencia de Luz del Día, en el más ultrajante y profundo sueño.

Un coro de silbidos, una lluvia de insultos, un diluvio de pedradas hubiesen dado al amor propio del orador una satisfacción más grande que su dolor de verse despreciado con tanta benignidad e ingenuidad por ese terrible letargo universal de su auditorio.

Ninguno de los asistentes podía comentar ni refutar lo dicho en el discurso, porque ninguno lo había escuchado. Si el primer triunfo del orador elocuente, consiste en llamar la atención de su auditorio, según Aristóteles, su más humillante derrota es verse desatendido hasta no hablar sino para adormecerlo. Un pueblo que insulta y aborrece a la verdad, no está distante de estimarla: el ultraje supone la estimación secreta del mérito envidiado. Pero el silencio de la indiferencia es el más cruel de los ultrajes, porque es el desprecio sincero que se escapa sin quererlo y sin mira de ofender.

Esta noche vio Luz del Día, confirmados los anuncios que había recibido de que Sudamérica no sería jamás el país de su reinado. Desde esa manifestación negativa y en fuerza de su cruel significación, determinó trasladarse a la América del Norte, a la «América de la Verdad», como ella la llamó.

XXV. También en Norte América, como en la vieja Europa, está la mentira

Fígaro, que conoce a fondo las dos Américas, sin embargo de habitar con preferencia la «latina», por ser menos libre y más favorable para la comedia, que es su esencia y alimento; Fígaro que oyó a Luz del Día llamar a la América del Norte la «América de la Verdad», creyó oportuno disiparla esta ilusión, que podía renovar sus percances americanos. El la previno que incurría en un grande error si reemigraba a la América del Norte, con la esperanza de no encontrar allí a Gil Blas, a Tartufo, a Basilio y Compañía.

—¡Cómo! —exclamó Luz del Día—, ¿la mentira, la hipocresía, la calumnia, la intriga, tendrían también carta de ciudadanía en la Gran República de Estados Unidos?

—Es la condición dolorosa, pero inevitable, de la libertad y de la civilización —le observó Fígaro—. Cuanto más culto y rico es un país, más abunda en él esa mala familia; no abunda por razón de ser más civilizado, ni es más civilizado porque abunda esa familia; sino porque la civilización, como el Sol, alumbra para todos, y un país culto no puede abundar en buena gente, sino a condición de contener mucha mala al mismo tiempo.

—Pero, ¿cómo pueden estar a la vez en la América del Norte los mismos sujetos que acabo de ver establecidos en la América del Sur? —pregunta Luz del Día.

Fígaro, entonces, tiene que sacarla de otro error.

—Los sujetos, la dice, a quien usted ha tomado por Tartufo, Gil Blas, Basilio, etc., no son los mismos que en Europa llevaron estos nombres célebres. Son los descendientes y herederos, no solo de sus almas, caracteres y virtudes, sino también de su fisonomía y tipo exterior, por lo cual la señora Luz del Día ha confundido a los hijos con los padres. Multiplicada al infinito la familia en todo el nuevo mundo al favor de circunstancias sumamente estimulantes, naturalmente se ha propagado más en la América del Norte, por ser más rica y más poblada y porque siendo también más libre y más democrática, los pobladores de que hablamos tienen allí mayor rango, más importante posición, mayor influjo en las esferas del Gobierno del Estado. También los Gil Blas y los Basilios estan sujetos, en su desarrollo, a la ley económica de Malthus; ellos se multiplican en proporción de las subsistencias. Donde hay mucha riqueza, mucha libertad, mucha actividad, es también donde la polilla humana y los parásitos de todo género pululan, porque más medran. Ellos pertenecen por su origen y nacimiento a la España de Carlos V, a la España-mundo, a la España del oro, de la gloria, de la poesía, del romance escrito y practicado. Es familia que no brota, sino al lado de la opulencia, como la hormiga viene con el azúcar, el ratón con el queso. Casi son un buen síntoma en este sentido, que se confirma por su abundancia en Inglaterra, en Estados Unidos, en Bélgica, en Suiza y en Francia.

«La presencia, de los hábiles maestros de la buena vida sin trabajo, en el nuevo continente, no es la metempsicosis de la Europa latina en la América latina, sino la transmigración de la vieja Europa en la moderna América. No dominan un mundo, sino un siglo, que abraza los dos mundos, porque representan aberraciones del hombre irregular de todas partes, sea cual fuere su raza, su país, su tiempo.

»Gil Blas no es español, ni francés, ni alemán: es planta de todos los países, como la bribonería. Basilio no tiene patria, es el ciudadano del mundo, vive dentro del globo terráqueo, como el ratón dentro de un queso de Holanda. Esa es su patria... Su pan es su idea, su abstracción, su mito, a condición de comerlo sin trabajo.

»Naturalmente su habilidad y cultura son más o menos grandes según el medio en que nacen y viven. Es natural que un Gil Blas "yankee" dé lecciones de inteligencia, en su arte, a un Gil Blas de Buenos Aires o del Perú; es natural que un Tartufo sajón sepa alucinar con más habilidad que un Tartufo latino.»

—Pero, en fin —observa Luz del Día— no porque representen aberraciones generales han dejado de existir en realidad los personajes célebres que fueron en Europa su más elevada personificación. ¿Dónde están, quiero decir, los primitivos y auténticos sujetos que yo he creído reconocer en Sudamérica? ¿Dónde están Tartufo padre, Gil Blas padre, y el Basilio genuino y original de la leyenda europea?

—Todos ellos —dice Fígaro— están envejeciendo, decrépitos, caídos en la infancia, en que vegetan bajo la tutela y curatela de sus descendientes, que han dado a su arte tradicional y de familia una perfección que sus maestros mismos no alcanzarían a medir, ni comprender, si volviesen a su edad viril.

Fígaro ofreció a Luz del Día los medios de hacerla ver en su condición actual de «bebés» y de menores a los antiguos y grandes maestros de la mentira; pero ella lo desechó, temiendo que pudiese disminuir su horror por ellos, ante el espectáculo de esa triste incapacidad de la decrepitud, que las leyes del corazón han asimilado, con razón o sin ella, a la simplicidad simpática de la infancia, y que la piedad pudiera asimilar, como las leyes, acordándoles una indulgencia que no merecen.

La verdad es que su pretendida incapacidad, no es tal, sino relativamente a la superioridad inconmensurable que sus descendientes han adquirido en el mundo clásico de la «selección natural» en orden inverso de todo lo que es regla y regularidad. No hay que olvidar que Darwin descubrió en América la ley de la «selección natural».

—Si tal es la realidad de las cosas —dijo tristemente Luz del Día— no me queda otra determinación que la de volverme a Europa.

—Sin esperar, bien entendido —interrumpió Fígaro— que Tartufo, Gil Blas y Basilio hayan desaparecido del viejo mundo.

—Al menos, en Europa —observó Luz del Día— hacen menos papel, tienen menos ingerencia en el gobierno de la sociedad y del Estado y los rangos en que campean, lejos de ser los más elevados, son los más ínfimos y oscuros.

—No se equivoque, Luz del Día —dijo Fígaro— a pesar de ser la Verdad misma, con motivo de ser juez en su propio pleito y médico de su propia enfermedad. Los tiempos han cambiado para la Europa. La exaltación creciente de la democracia ha hecho de ella un verdadero «nuevo mundo», que asume cada día los caracteres y condiciones de la misma América democrática y republicana, por la naturaleza de las cosas.

—Sin embargo, siempre habrá más compensaciones y refugios para mí —dijo Luz del Día— cuando no sea sino por la regla de que nadie es profeta en su país, sin duda porque su propio país es el que más conoce a cada uno, y ese conocimiento apaga el prestigio, que deslumbra en lo malo como en lo bueno, con el poder peculiar de lo desconocido.

Fígaro, en su dolor generoso, no encuentra el coraje de disuadirla, y para que el viaje de la Verdad al nuevo mundo no quedase del todo estéril en ensañamiento para el viejo, imaginó recomendar a Luz del Día hacer en el suelo de su reemigración la propaganda de las siguientes verdades, que la experiencia de la vida americana había dado a conocer a Fígaro y que la Europa parecía desconocer del todo.

XXVI. Ventajas desconocidas pero incomparables de Sudamérica

«La América antes española tiene grandes desventajas en su condición política y social, dijo Fígaro, no solo respecto de la América antes inglesa, sino de la misma Europa menos bien dotada para la libertad. Esas desventajas son lo único que la Europa conoce de la América española de origen. Luz del Día no tiene necesidad de descubrirlas allí como verdades nuevas.

»Pero así como en la América del Norte de cada desventaja física, el pueblo inglés que la colonizó sacó un gran partido industrial para su prosperidad ulterior, así de cada inconveniente que ofrece la condición de la América española de origen resultará para ella una condición y una garantía de su prosperidad futura. Estas compensaciones felices de sus desventajas evidentes, son lo único que ignora la Europa; y la revelación de su verdad autorizada por la voz de Luz del Día será una misión tan digna de ella, como placentera para los amigos europeos de la libertad de Sudamérica.

»Sabido es que la América antes española ha sido una colonia hasta principios de este siglo; que su pasado político, más que deplorable, ha sido nulo y que su presente es digno de su pasado. Todo esto es verdad conocida. Pero al lado de esta verdad hay otra y es que así con ese pasado y ese presente en posesión de su soberanía, y que bien o mal él se gobierna por sí solo. Este hecho no tiene muchos ejemplos en Europa. La República Suiza vive por el favor y garantía de monarquías despóticas. La América se gobierna mal, pero se gobierna a sí misma, y en esto consiste toda la libertad política. Si no está por este hecho, en el goce pleno de su libertad, y aprende a manejarla por el mejor método, que es el de la naturaleza; por la experiencia propia y directa. A fuerza de gobernarse mal, acabará por aprender a gobernarse bien. No se aprende la libertad sino como se aprenden los idiomas: por la mera repetición de los actos. Se empieza por hacer reír; se acaba por hacerse admirar. La libertad inglesa salió de los bosques de la Germania, no de las universidades alemanas. ¿Cómo se formó? Formándose y practicándose. Hoy mismo, aunque mal, el último pueblo de Sudamérica maneja las herramientas del gobierno libre como no lo haría el pueblo de muchas naciones de la Europa, que fuese llamado inopinadamente a ejercer el sufragio universal, el derecho de reunión, la garantía de la guardia cívica.

»Le falta un gobierno propio, robustecido por una tradición secular. Esta falta es un mal, pero este mal, le permite fundar sin resistencia el gobierno moderno del país por el país, mejor que pueden hacerlo España, Italia y Francia, donde el régimen moderno tiene que luchar con resistencia del régimen pasado, mantenido en hábitos seculares.

»La América del Sur republicana, es débil comparativamente a la Europa monárquica, de resultas de su democracia, bastante desarrollada para existir, no lo bastante para existir pacífica y prósperamente. Bajo este aspecto la Europa monárquica la excede en las ventajas de la estabilidad y de la unidad. Pero, si es verdad que estas ventajas faltan a la América republicana, no lo es menos que la Europa monárquica tiende a perderlas en fuerza de su mismo desarrollo democrático y liberal.

»La América del Sur republicana carece de marina mercante. Esa falta la vale un cuidado menos, el de una marina de guerra, que no tiene, porque no necesita tenerla. La falta de marina propia pone a su disposición la marina de la Europa, que puebla sus puertos con sus bajeles y trae a sus costas la emigración, la riqueza, la civilización del mundo más adelantado. Para prolongar el goce de esa ventaja, la basta abstenerse de "actos de navegación" a lo Cromwell.

»También falta a la América antes española una industria fabril; pero esta falta es cabalmente la que mejor garantiza el desarrollo de su riqueza. Al favor de esa circunstancia, la América antes española es un anexo industrial de la Europa más culta, sin dejar de ser independiente. Si no tuviera esa falta, sería preciso inventarla, como el mejor método económico de asegurarla la colaboración del mundo civilizado en la obra de su civilización propia. Con tal que el trabajo le produzca la riqueza de que necesita para vivir, ¿qué importa que el trabajo le produzca materia primera y no materia fabril? La paz del mundo estaría mejor garantizada si cada nación tuviese que vivir de la producción especial de su vecina. La gran ley de la "división del trabajo" gobierna a las naciones como a los individuos. ¿Qué se diría de un individuo que por no depender de su semejante se empeñase en ser su propio zapatero, su propio sastre, su propio arquitecto, su propio carnicero, su propio sirviente? Tal sería la posición del país que, para bastarse a sí mismo, cerrase sus puertas a la producción industrial de los demás. Si un mundo deja de ser independiente cuando no produce y posee como suyo propio todo lo que es esencial a su vida, la tierra que habitamos debe ser considerada como dependencia colonial del Sol, porque la luz de que viven sus reinos vegetal y animal le viene de aquel astro lejano, que constituye un mundo extranjero. ¿Somos menos señores de nuestro planeta, porque de otro astro nos suministra la luz y el calor de que viven las plantas y los animales que sirven a nuestro alimento? ¿Renunciaremos a la luz del Sol porque nos viene del extranjero, en vez de nacer de nuestro globo?

»Si los gobiernos de Sudamérica son débiles e impotentes, no falta a ese defecto su compensación, y es la de ser impotentes para el mal, o lo mismo que lo son para el bien. Gobernados ellos mismos por corrientes de intereses más fuertes que su poder, son menos responsables que lo parecen, en lo malo, que meritorios en lo bueno. Si son efímeros y transitorios, en su existencia personal, no es poca compensación de ese mal la de ser breve el de su existencia misma.

»La frecuencia de las elecciones que es inherente al gobierno republicano es incompatible con la paz; pero ese mal tiene su premio, y es que la frecuencia con que se usa la libertad electoral contribuye a formar la educación y costumbre de esa libertad, más que la mejor escuela.

»Las Repúblicas de Sudamérica son pobres en población, pero ricas en territorio. Lo contrario sería menos ventajoso, porque la población pequeña puede dilatarse hasta alcanzar el tamaño del territorio grande, pero no un territorio chico hasta el de una población crecida. La República Argentina podría ser un día del tamaño de la Francia; la Bélgica no podría serlo jamás, con su territorio actual.

»La América del Sur está fraccionada en catorce Repúblicas, cuyos intereses se contradicen porque sus necesidades son idénticas; pero al lado de esta desventaja reside un bien sin paralelo, y es que su catorce Repúblicas hablan un mismo idioma, son una misma raza, vienen del mismo origen, tienen la misma historia, la misma edad, el mismo sistema de gobierno, el mismo culto religioso, el mismo derecho civil, la misma sociedad, la misma suerte actual, y probablemente los mismos destinos.

»Como el progreso de las naciones no es la obra de sus gobiernos sino el resultado de su propia conducta, cuando los gobiernos no la contrarían, la prosperidad de América está asegurada por la ausencia de gobiernos bastante fuertes para contrariarla.

»Hasta el mal de la deuda en que está Sudamérica empeñada para con la Europa, por sus legados de Gil Blas, de Tartufo, de Basilio, etc., tiene su compensación en los retornos americanos de esos tipos, mejorados en el nuevo mundo al grado de poder ser tutores de sus abuelos.

»Y si algo de Gil Blas y de Tartufo debe entrar en la composición del político moderno, la América del Sur es mejor escuela para formarlo que no lo es la misma Europa de esos tipos. Las Repúblicas de Sudamérica, por su edad y su gobierno, se acercan más de la Italia representada por Maquiavelo, que no sucede a las monarquías más adelantadas de la Europa actual. La discreción, el disimulo, la lisonja, la duplicidad, son armas naturales y necesarias del que habita países de inseguridad, en que la ineficacia del gobierno abre a la arbitrariedad del individuo un campo de agresión ilimitado. Por las razones contrarias, un inglés, un alemán, por ejemplo, son más simples, más candorosos en la conducta de los negocios de la vida, que no puede serlo el hombre de una república sudamericana, a causa de que la seguridad completa en que se educan y viven aquellos bajo su fuerte civilización, no los deja sospechar siquiera la necesidad de temer y precaverse de asechanzas. Así se ha visto en la diplomacia multitud de ejemplos de ministros superiores en instrucción y poder que han sido vencidos en habilidad por diplomáticos comunes de la América del Sur. Son comunes en ciencia, pero eximios en destreza. En vista de esto haría bien Luz del Día en aconsejar a los países de Europa de enviar sus jóvenes, que se consagran a la diplomacia, a las repúblicas de América en busca de las cualidades prácticas de su arte, así como los americanos envían a Europa su juventud para adquirir las lenguas, los conocimientos, los usos exteriores de la Europa diplomática. En ambos casos no son sino conocimientos complementarios y de mero ornato, pero no menos esenciales que los rudimentales y de fondo.

»La exigüidad de los intereses y de los acontecimientos que forman la trama de la vida política en Sudamérica hace morir en la oscuridad un caudal de ejemplos vivos de maravillosa habilidad en la conducta de sus guerras y de sus revoluciones, que vistas de lejos causan un desdén, por otra parte merecido.

»La Verdad no debe dejar ignorar a la Europa que en Sudamérica, la "política" y la "sociedad" son dos mundos diferentes y tan diferentes, que parecen no ser mitades de uno mismo. Mientras que el uno es todo escándalo y desorden, el otro es regido por el orden más normal y regular. Todo lo malo que la Europa escucha y sabe de la América del Sur pertenece exclusivamente a su política. En ella viven concentrados todos los célebres campeones que proceden de Tartufo, de Basilio, de Gil Blas y C.ª, mezclados, es justo decirlo, a los tipos del más noble origen, siendo estos últimos la pitanza de los otros. La sociedad, al contrario, se compone de los mismos elementos que forman la sociedad más civilizada de la Europa actual.

»El terreno favorito de aquellos personajes y su prole, en la Europa latina, era la Iglesia, la familia, el hogar, la propiedad civil, la vida privada; en la América latina independiente han trasladado todos ellos sus lares a la política, y habitan exclusivamente las regiones del gobierno, de la administración, de la guerra, de las finanzas, de la prensa, de la diplomacia, de la vida pública, en fin, convertida en industria y vida privada a su vez, y en profesión liberal para ganar fortuna, rango y respetabilidad. Esto es lo que la Europa ignora, cuando juzga de la civilización de Sudamérica por los hechos que ofrece su política, sin embargo del ejemplo que la Francia la ofrece en sus revoluciones repetidas, de un país culto, civilizado, ordenado en todo lo que toca a la sociedad propiamente dicha, escandalizando sin embargo al mundo por los desarreglos de un orden político, que esa gran nación no acierta a constituir y realizar sobre bases estables y regulares. Mientras que el orden social en Sudamérica obedece a una constitución secular, sus gobiernos nacidos ayer se agitan en busca de la forma que la historia, o la serie de los hechos que componen su vida moderna, no ha tenido tiempo de darles. Todo lo que América recibe de la Europa culta en hombres, familias, industrias, capitales, entra y vive en el dominio del "orden social o civil" y queda extranjero al dominio de la "política". Esta América social y moderna así regimentada es la garantía de regeneración y mejoramiento progresivo de la América política. La familia inglesa, alemana, suiza de extracción, son estériles para fecundar esos románticos tipos latinos, que campean en los dominio de Molière y Beaumarchais. Apenas se ve un "caudillo", un "héroe", un "protector", un "tribuno", un "libertador", de los que forman la gloriosa plaga de la América latina, que lleva un nombre sajón o alemán de origen, no obstante el desarrollo anglosajón y alemán de su población moderna.

»La Europa monárquica no tiene derecho de reír y desesperar de la inexperiencia que presenta la república en Sudamérica, ante el respeto que infunde el ejemplo de la república en la América del Norte, al porvenir político, no solamente de la América del Sur, sino de la misma Europa monárquica, tanto del Sur como del Norte; a la Europa latina lo mismo que a la Europa sajona, a la Europa de Gil Blas, lo mismo que a la Europa habitada por la raza de Franklin y de Washington. Si la América del Sur puede a veces merecer la risa, no es porque ignora la monarquía, sino porque no sabe realizar la república, que es y será sin embargo su gobierno natural e inevitable. Ella aprenderá a realizarse como la América del Norte, y lo que será curioso es que lo hará con el auxilio de la misma Europa monárquica, servido por la naturaleza de las cosas de este modo:

»No es la "libertad política" sino la "seguridad social", la garantía que da a los Estados Unidos sus millones de emigrados y pobladores extranjeros.

»El extranjero no puede ser atraído por el aliciente de una libertad política de que no puede gozar por su calidad misma de extranjero sin abdicar su nacionalidad propia, que él no desespera reasumir activamente un día en su propio país. Lo que le lleva principalmente es el incentivo de una seguridad, que su calidad de extranjero no le estorba disfrutar a igual título que el indígena, desde el primer día que pisa el suelo que le ofrece mejor vida que su país.

»La América del Sur es feliz en ser tan capaz de seguridad privada como los Estados Unidos, ya que no lo es de realizar como ellos la libertad política, que la diversidad de su pasado respectivo, en punto a educación gubernativa, hace posible a la una y muy difícil a la otra.

»La libertad, considerada como el gobierno del país por el país, es un bien difícil de poseer, porque supone una educación de siglos en la práctica del propio gobierno, que los más de los países llamados libres solo poseen platónicamente; pero de la seguridad civil, que es obra del gobierno más que del país, todos los pueblos son capaces, aun los menos adelantados, porque hasta el despotismo puede darla.

»En el desarrollo histórico y cronológico de las dos garantías, la "seguridad social" ha precedido siempre a la "libertad política", aunque una correlación estrecha las haga ser dos hechos que se producen mutuamente. Es para la salud de Sudamérica el que así suceda, porque la seguridad del extranjero inmigrado, que se confunde con su libertad social y civil de vivir, residir, circular, trabajar, adquirir, poseer, disponer, contratar, casarse, asociarse, testar, pensar, creer, publicar, es no solamente el medio heroico de poblarla rápidamente de los habitantes civilizados de la Europa, sino que su cultivo y ejercicio regular, es la mejor escuela preparatoria de la libertad política.

»La seguridad individual tiene esta otra ventaja incomparable para la educación de Sudamérica, y es que como "derecho del hombre", accesible en calidad de tal al extranjero en el mismo grado que al indígena, ella puede ser colocada bajo el amparo del derecho internacional mediante tratados de amistad y comercio, por cuyo medio los grandes gobiernos del mundo civilizado, pueden colaborar con los de Sudamérica, sin perjuicio de su recíproca independencia, en la obra del desarrollo y conservación de la seguridad o libertad civil, cuya sola garantía puede bastar para salvar la civilización en Sudamérica.

»Esta consideración debe hacer pesar sobre los gobiernos de la Europa gran parte de responsabilidad en la suerte de los Estados de América del Sur, que esos gobiernos se contentan hoy con deplorar y compadecer en sus crisis de transformación, en lugar de ayudar a su mejoramiento, con los medios de acción legítima, que les da el derecho de gentes, y en servicio de los mismos intereses europeos sobre todo.

»La América antes europea, no por haberse hecho independiente, ha dejado de pesar en la balanza del equilibrio del mundo, o de ser al menos capaz de afectar el equilibrio de la Europa por la influencia preponderante que algunos de sus Estados pueden llegar a ejercer en otros del nuevo mundo, en interés de su poder propio en Europa. Cada día será mayor la solidaridad de los dos continentes, y menos extenso el espacio que los separa. Peor para la Europa civilizada si su imprevisión deja nacer y crecer en Sudamérica los gérmenes de un mal que tarde o temprano cruzará el Atlántico en alas del vapor y del comercio, que poco a poco lo suprimen.»

XXVII. Pellizcos de despedida entre Fígaro y Luz del Día

—He ahí —concluyó Fígaro un poco evaporado con los perfumes de su elocuencia—, las verdades que Luz del Día puede decir a Europa respecto de Sur América sin temor de ser desmentida.

«Y si la "Verdad" gusta de oírse decir la verdad, Luz del Día me permitirá decirla una, acerca de ella misma, y es que la verdad para cuya luz es la América del Sur una especie de lechuza, que necesita de la oscuridad para ver claro, esa verdad es solamente la verdad moral y social, la verdad política y religiosa; no la verdad física y natural. Si el hombre de Sudamérica puede tener motivos de temer la luz capaz de revelar la deformidad y pobreza de su condición presente, la naturaleza física tan rica y tan hermosa, de esta parte del nuevo mundo no necesita sino de luz para ser vista y brillar. Aquí Galileo podría ofuscar al Sol sin temer a la Inquisición. La verdad natural y física podría surtir de un mar de luz utilísima al mundo entero, si el naturalista, el geólogo, el botánico de la Europa viniesen en su nombre a interrogarla sobre los arcanos de riqueza y de curiosidad científica, que se abrigan en su suelo, tan desconocido en sus entrañas como estuvo su superficie hasta que Colón la descubrió.»

Luz del día, reconocida de los útiles avisos de Fígaro, no queriendo dejar sin retribuirle el regalo de esta última verdad personal, le recordó que «Bonpland» había venido a estudiar la naturaleza, no la sociedad, pero que la sociedad, no la naturaleza, le confiscó su libertad natural y su persona. Que Humboldt hubiese encontrado la misma suerte en Sudamérica si su curiosidad sabia le hubiese traído en la dirección en que su amigo y colega perdió su libertad y el fruto de sus estudios. Esto le hace temer por la suerte del sabio, que por no traicionar a la verdad necesita demostrar a veces que tal territorio, que se pretende formado de oro, no se compone sino de tierra; que tal río, que se tiene por navegable, apenas tiene agua para alimentarse; que tal clima, que se llama la salud, es al contrario la peste; que tal pueblo, que se cree llamado a ser eterno, vive sobre un mar subterráneo de lava volcánica. No hay dos verdades en el mundo: una moral y otra física. La verdad es una, como la naturaleza; y el país en que cuesta la cabeza el decir y probar a un falso apóstol de la libertad que es un liberticida, que se cree liberal solo por haber muerto a la libertad sin conocerla, será el mismo país en que los reveladores de la verdad física y natural vivirán expuestos a la suerte de los Galileo, de los Colón, de los Lavoisier, de los Bonpland.

Londres, febrero de 1871

Libros a la carta

A la carta es un servicio especializado para

empresas,

librerías,

bibliotecas,

editoriales

y centros de enseñanza;

y permite confeccionar libros que, por su formato y concepción, sirven a los propósitos más específicos de estas instituciones.

Las empresas nos encargan ediciones personalizadas para marketing editorial o para regalos institucionales. Y los interesados solicitan, a título personal, ediciones antiguas, o no disponibles en el mercado; y las acompañan con notas y comentarios críticos.

Las ediciones tienen como apoyo un libro de estilo con todo tipo de referencias sobre los criterios de tratamiento tipográfico aplicados a nuestros libros que puede ser consultado en Linkgua-ediciones.com.

Linkgua edita por encargo diferentes versiones de una misma obra con distintos tratamientos ortotipográficos (actualizaciones de carácter divulgativo de un clásico, o versiones estrictamente fieles a la edición original de referencia).

Este servicio de ediciones a la carta le permitirá, si usted se dedica a la enseñanza, tener una forma de hacer pública su interpretación de un texto y, sobre una versión digitalizada «base», usted podrá introducir interpretaciones del texto fuente. Es un tópico que los profesores denuncien en clase los desmanes de una edición, o vayan comentando errores de interpretación de un texto y esta es una solución útil a esa necesidad del mundo académico.

Asimismo publicamos de manera sistemática, en un mismo catálogo, tesis doctorales y actas de congresos académicos, que son distribuidas a través de nuestra Web.

El servicio de «libros a la carta» funciona de dos formas.

1. Tenemos un fondo de libros digitalizados que usted puede personalizar en tiradas de al menos cinco ejemplares. Estas personalizaciones pueden ser de todo tipo: añadir notas de clase para uso de un grupo de estudiantes,

introducir logos corporativos para uso con fines de marketing empresarial, etc. etc.

2. Buscamos libros descatalogados de otras editoriales y los reeditamos en tiradas cortas a petición de un cliente.

www.ingramcontent.com/pod-product-compliance
Lightning Source LLC
Chambersburg PA
CBHW022047240626
47154CB00007B/2603